创业从结果开始

—— 以终为始的全局谋略 ——

罗 杰 谷家忠 著

中国财富出版社

图书在版编目(CIP)数据

创业从结果开始 / 罗杰，谷家忠著. —北京：中国财富出版社，2017.11
ISBN 978-7-5047-3659-8

Ⅰ.①创… Ⅱ.①罗… ②谷… Ⅲ.①创业—研究 Ⅳ.①F241.4

中国版本图书馆CIP数据核字（2017）第270061号

策划编辑	谢晓绚		**责任编辑**	张冬梅	周 畅	
责任印制	方朋远	梁 凡	**责任校对**	孙会香	卓闪闪	**责任发行** 董 倩

出版发行	中国财富出版社		
社 址	北京市丰台区南四环西路188号5区20楼	**邮政编码**	100070
电 话	010-52227588转2048/2028（发行部）		010-52227588转307（总编室）
	010-68589540（读者服务部）		010-52227588转305（质检部）
网 址	http://www.cfpress.com.cn		
经 销	新华书店		
印 刷	北京楠萍印刷有限公司		
书 号	ISBN 978-7-5047-3659-8 / F·2829		
开 本	710mm×1000mm 1/16	**版 次**	2018年1月第1版
印 张	17.25	**印 次**	2018年1月第1次印刷
字 数	280千字	**定 价**	88.00元

推荐序一

创业火种从中小微企业点燃

从全球看，伟大的企业大都是从中小微企业里诞生并成长壮大的，所谓"宰相必起于州部，猛将必发于卒伍"。

在经济转轨、社会转型的今天，经济发展进入新常态，处于爬坡过坎关口，面临近年来少有的复杂局面和不确定性。面对多重困难与挑战相互交织的局面，中小微企业发展的问题更为突出。

中小微企业发展不确定、融资难、风险高、管理落后、潜在风险较大，目前面临的困境是：一方面大量投融资机构找不到好的项目；另一方面广大中小微企业却"嗷嗷待哺"，甚至处于资金断裂的失血状态。融资渠道不畅，融资结构性失衡，给中小微企业创业带来了更大的挑战。

解决中小微企业融资难不能仅靠银行。不同行业、不同规模、不同类型、不同市场定位的中小微企业有不同的融资需求，需要不同的融资渠道与之匹配。这就需要多层次、广覆盖、多样化、可持续的中小微企业融资服务体系，改善中小微企业的融资结构，扩大直接融资，建立完善统一监管下包括中小微企业板、创业板、新三板及场外交易在内的多层次资本市场，为中小微企业股权、债权、物权、产权等提供交易平台，让掌握高新科技和市场发展前景好的中小微企业实现股权价值。

新兴的、成长性高的、有独特产品与技术的、竞争潜力大的、发展前景好的中小微企业是风险投资关注的对象。风险投资人拥有专业的资本市场知识，能够与被投资企业形成合作开发关系，参与企业经营与决策，帮助企业进行风险分析和把控，提升企业综合管理水平和竞争力。

中小微企业若想实现股权融资，就必须有过硬的本领和较强的综合素质，有清晰的愿景和目标、长远的战略发展规划、完善的治理结构和管理体制，并满足投资者的绩效指标，展现出未来的增长潜力和投资价值。建立有效的风险资本退出机制，推动更多的中小微企业上市交易，实现规范发展，风险投资才能实现增值和循环投资，众多中小微企业才能实现创业梦想。

作为创业孵化系列书籍之一，《创业从结果开始》是一本很专业的创业指南。对如何提升企业自身素质，如何吸引风险投资，如何拓展多种融资渠道，这本书都一一作了解答。作者总结多年的创业实践，形成了系统化的创业思路，积累了宝贵的经验，探索了可资借鉴的创业途径和方法，与读者分享。

有人说，中国是一块宝贵的企业上市资源地，有大量具有高成长性的中小微企业为各类投融资机构提供了广阔的市场需求，为风险投资与中小微企业共赢发展提供了大量潜存的商机。创业是一条充满挑战与饱含梦想的路，在这条路上，创业者点燃创业的梦想，激发创新的热情，坚守人文的情怀，做出无悔的选择。在此，寄望中小微企业点燃创业火种，借资本市场的东风插上翅膀腾飞。

《创业从结果开始》的创业方法论给予了具有说服力的企业战略规划和融资发展路线，期待在未来应用的实践中展现其特有的价值。

中国人民大学博士、副研究员，中国中小企业发展促进中心主任助理，

全国中小企业服务联盟秘书长

2017 年 8 月 10 日

推荐序二

硅 谷 创 业 精 神 对 我 们 的 启 示

说到创业，不能不说硅谷。

一百多年前，硅谷是一片荒地，没有人能想到，这里最不起眼的硅砂经过研发提炼后，竟能成为晶体管、半导体、芯片、计算机、太阳能电池、光缆的基础原材料；更没有人能想到，一百多年前的那片荒地如今已经成为高新科技产业的发源地——这里聚集了谷歌、Facebook（脸书）、惠普、英特尔、苹果、思科、英伟达、硅图、甲骨文、特斯拉、太阳以及无数高科技中小企业群。

今日的硅谷，已不再是一个地域名称，它正以一种创新精神、进取文化，荟萃着世界各民族的聪明才智，与它的产品一道名冠全球，为世界共享。

著名的斯坦福大学位于硅谷附近。那里有全电脑化管理的斯坦福大学图书馆，有世界一流的教授和毕业生，为硅谷培养了大批一流的创业人才，这些人才不断成立具有创新精神的公司。但是，光有人才并不能成就硅谷。大波士顿地区也聚集了麻省理工大学、哈佛大学等世界著名大学，也拥有实力雄厚的银行财团，但这里却只是科研中心，没有像硅谷一样成为创业中心。坊间一直流传这样的说法：只有 10% 的斯坦福 MBA（工商管理硕士）毕业生写简历找工作，其余 90% 的人都在写 BP（商业计划书）找风险投资。哈佛 MBA 则颠倒过来，他们中 90% 的人写简历找工作，10% 的人写 BP 找风险投资。

硅谷之所以成为硅谷，不光是因为这里人才济济，更重要的是它具有创业精神。斯坦福大学和加利福尼亚大学伯克利分校最为人称道的就是它们培养学生的创业精神。哪怕是斯坦福商学院的毕业生，现在也有一半会去创业，而不是去华尔街拿高薪。对于硅谷人来说，工作本身是乐趣，创业本身是目标。

硅谷包容失败。在激烈的商业竞争中，也许只有 1% 的人能获得成功，但创业失败从来不是一件丢人的事情，因为只有勇于冒险创业的人才可能失败；而不敢创业就永远不会失败，也不会成功，这就是硅谷独特的创业精神。

如果说著名大学是硅谷成功的摇篮，独特的创业精神是硅谷成功的灵魂，那么创新就是硅谷成功的动力，而风险资本则是硅谷成功的加速引擎。小小的硅谷吸引着全球超过 60% 的风险投资资金。人们谈论硅谷时，往往注重硅谷的技术和产品，高科技企业家的非凡表现，却忽视了隐藏在企业背后的风险投资家。正是这些风险投资家以其对未来市场的洞察，对现代金融工具的掌握，与创业者联手，推动了硅谷经济腾飞。可以说，没有天使投资人、风险投资家、战略投资家和投资银行家的帮助，就没有硅谷的成功。

美国苹果电脑公司于 1976 年创办时，投资家马尔库拉投资 25 万美元，从而推动了苹果电脑公司发展，进而掀起了个人电脑风潮。Adobe（奥多比）公司在 1982 年创建时得到著名风险投资公司 H&Q（汉鼎）的支持，后者获得了百倍的利润回报；Adobe 公司在成长壮大后又与 H&Q 合资成立新的风险投资公司，支持高科技企业创业，也得到了丰厚的回报。

硅谷已经构建好了创业投资生态系统，吸引了两千多位天使投资人，集中了美国近 1/3 的大型企业总部。 25% 的美国新经济归功于硅谷的贡献。硅谷中创业和风险投资的完美结合值得我们学习和借鉴。

《创业从结果开始》以全新的视角诠释了创业与资本融合的全局智慧，书中倡导创业者应该先梳理自己的愿景，树立明确的目标，以结果为导向规划出企业发展的能见度和清晰度，从投资人角度设计完善的商业模式，学习硅谷的创业精神，实现创业与资本完美融合。

当下，国内资本集中投资处于创业中后期的公司，最近几年增加了不少天使投资机构，但早期项目获得资本的机会依然较少。一是因为国内的投资比较扎堆，大家都喜欢一窝蜂地跟风投资；二是因为创业者的资本意识不强，不懂得如何设计自己的公司框架和明确清晰的企业愿景，没有塑造出核心价值来吸引投资者。这也是我强调硅谷创业精神的原因，希望更多的创业者掌握以终为始的全局智慧。

盘古智库理事长

2017 年 8 月 16 日

创 业 是 对 认 知 边 界 的 突 破

认知：以零点思维引领全局

从魏源的故乡来到深圳，转眼已经二十年。

为了梦想，我踏上创业之路，从设计家具到建立家具工厂，从从事陈设艺术设计工作到开设灯饰厂；还曾经拥抱互联网，投入到品居网的平台建设中……我凭着满腔热情，怀揣一个浪漫而美好的梦想，踏上了一条漫长、充满变数的创业之路。虽有收获，但面对的更多是一个个失败的结果：家具厂、灯具厂、品居网最终都关门大吉，以失败告终。

2013年中山灯饰工厂的火灾把我从欲望和想象的梦里烧醒。痛定思痛，我开始重新检视自我，又在迷茫中寻找人生定位。

一般中年转型不要为转而转，不要赶热潮，不要市场上什么热就做什么，不要从零开始进入完全陌生的领域，要优先转向自己熟悉的、能发挥自己核心才干的领域。而我做了一个常人不敢想的选择，从零开始，突破自己，认清自己的边界，把有梦想变成了有愿景，因定位而呈现价值。我相信这个世界上没有奇迹，只有近乎完美的逻辑，在这次慎重思考之后，我很快把自己的创业逻辑付诸行动。

总结自己几次创业失败的经历后，我深刻地感悟到创业需要有格局，需要突破自我认知边界，而我的愿望就是分享创业失败的感悟，让更多像我一样的创业者不要步入迷茫与纠结、焦虑与困惑的创业之路。

创业时不要认为拥有激情和热情就可以到达成功的彼岸，必须根据自己要达到的最终目标进行全局规划，拥有在思维与行动上高度聚焦的正确方向！当我们一直在为各种理由或借口而奔忙，最后却碌碌无为时，或许只有真正经历过创业颠簸与艰辛的创业者才会感悟到物质与精神、思维与行动高度聚焦的重要性。没有价值观的基本定位，企业看似在成长或者创业者偶尔获得了财富收益，但到某一刻，还是会回到原点，这就是越来越多的人遭遇瓶颈却毫无办法的根本原因。创业其实就是一个由内而外修炼自己的过程，是一场不断满足内在需求的旅程。

2015 年我开始从事创业孵化工作，对我来说，投资与创业孵化是一个完全陌生的行业，我真的是从零开始。我在人生已步入中年时再次创业还敢跨界，是勇气与执着让我再次扬帆起航；公司的标志设计（如图 0-1 所示）是把零作为起点，倡导企业一手做资本运作，一手做市场运营；互助与合作，能量与聚焦，共生与重生，从零开始引领全局。公司取名为众扬汇。"众"是融合大家的智慧和力量。"扬"是传播自己的思维和精神。"汇"是聚合大家的人脉和能量。我们的价值主张是：众智慧、扬思维、汇能量！

零点思维，以终为始
全局规划，强强融合
获取资本，实现价值

图0-1　众扬汇

分享：以终为始的创业导航图

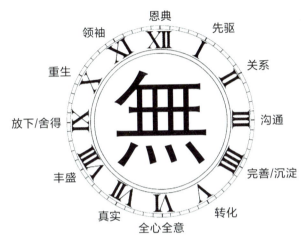

图0-2　创业导航图

上面这张创业导航图（如图0-2所示）来自一位朋友的分享。其实，任何事物发展都遵循其固有的规律，都是从无到有，"物有本末，事有终始，知所先后，则近道矣"。天地万物都循着各自的规律由始而终地变化运行。

在人生的大局中，生命也是从无到有。若我们把十二点钟设为"恩典"，定为自己的终极目标，再按照每个时钟节点合理地调控自己的能量场，相信就能成为人生的大赢家！从我的创业历程以及身边许多企业家朋友的成长故事中，我总结得出：大部分人都未能迈过九点钟的位置，事业稍有成就时，欲望和野心就会膨胀，不懂得放下或舍得，未能赢得聚焦纵向深挖发展，而是把战线横向拉宽了，事业也因此宣告失败。我的创业失败个案更具说服力。

现在从事投资孵化事业的我，对此图的认知更专业，理解更透彻。每次分析创业者项目时，我都能自然而然地在脑海里应用这张图。任何项目都不是无中生有的，若想获得成功，都得遵守事物发展的规律。

现在我们顺时针解读一下这张创业导航图。

一点钟是"先驱"，创业者必须看到常人未能看到的商机，有创意的种子，同时梳理自己的梦想，将其变成愿景。

二点钟是"关系"，创业者必须研究商业环境和市场发展趋势，或者与有资源的智者交流沟通，溯源商业价值。

三点钟是"沟通"，创业者必须做好市场调研和分析，做不可行的商业报告，量化自己的愿景，以此对接资源和部署行动，并且认知自己的能力与不足，寻找到最佳合伙人。

四点钟是"完善／沉淀"，创业者做好商业定位，梳理并塑造企业核心价值，打造强势产品，完善成交系统，建立起可持续经营的销售渠道。

五点钟是"转化"，有了核心的技术或产品后，创业者必须找到一个非常好的商业发展模式，吸引资本关注和能量。

六点钟是"全心全意"，创业者打造专注的团队，全心全意只做一件事。

七点钟是"真实"，因为专注会赢得顾客认可，创业者要塑造品牌价值，经营顾客心中的梦想，为顾客创造价值。

八点钟是"丰盛"，企业有了现金流，并且具备了可持续盈利能力，则可以从资本市场获得更大的价值，进一步符合上市标准。

九点钟是"放下／舍得"，创业者把目标再聚焦，让企业可持续发展。

十点钟是"重生"，创业者要拥有领袖思维，把握好创新和平衡，构建核心商业生态系统，让企业自动运营。

十一点钟是"领袖"，创业者有了领袖的格局，自然而然就掌握了大道至简的心得，让企业可以传承，培养红点，把自己从创业家转变成投资家。

十二点钟是"恩典"，创业者达成事业目标，实现愿景，乐享生活。

以上所述正是我结合了自己的创业成长经历而感悟到的创业导航图。这也是我写本书的初衷。从事项目投资孵化工作要以逆时针的思维梳理项目，引导创业者，也就是我们常说的"以终为始"。所有事情都会发生两次：一次在头脑，一次在现实！比如，我们建设一座城市、一个地产楼盘或者盖一栋大楼，如果我们省去某个特定环节，不找专业的研究院或设计单位来规划、设计和预算，把概念变成设计图纸，再按要求施工，而是凭着自己的臆测来建房子，那结果会如何？显然，这样做是绝对建不了好房子的。

要建好一座房子甚至一座城市，必须要有专业的建筑设计师和规划师。而项目投资孵化的专业人员对于一个创业项目来说，就正像建房子里最重要的设计师和规划师，他们能够给创业项目设计出创业成长导航图，再按要求实施执行。

以终为始是一种科学的方法论，是根据企业未来发展的终极目标做系统化战略规划，也是我们所说的"全局谋略"。在这里，我们倡导的"创业从结果开始"，其核心价值就是让你的企业发展有能见度和清晰度。

以终为始是一种全局思维，从我们所设想的终极目标出发，一步步往前倒推设计。

以终为始，为自己画一张创业导航图！

边界：创始人的边界就是企业的边界

我们每一个人都清楚，信息在这个时代是超载的、碎片化的且具有即时性的。想通过一本结构化的书系统性地了解某个领域的信息是不可能的。当然碎片化知识的重要意义是帮助我们打开一扇门，让我们清楚外面还有更广阔的世界。但更重要的是你要走进来，获得一个深度学习某领域有价值信息的机会，把这个领域相关的核心知识都学透，提升自我认知。这个时代不缺好的信息，缺的是如何找到好的信息，如何有效学习并运用这些信息。互联网时代最终的竞争是"认知"的竞争，创始人必须超越认知的边界，探索未知与不可能。

现在许多创业者都过于乐观，错误地认为只要有好点子，能拿到投资，再加上执着、激情、运气，就能成功。其实创业的成功更在于团队、经验和执行力。大部分的创业失败不是因为点子不好，而是因为创业者缺乏经验，缺少团队，执行力差。归根结底，积淀比点子更重要。在创业期间，执行力尤为重要，而执行力并非与生俱来，只能通过参与创业活动来获得。

在这里，我与大家分享创业的三个步骤。

第一步是创始人自我认知。创始人需要明确并时时牢记自己的初心。抓不住初心的创始人每逢重大决策都会摇摆。而这种初心不是单纯对财富的追求，而是对客户乃至于整个社会创造什么样的价值。事实上创业是创始人基于自己的认知和洞察，形成自己的世界观的过程。创业的过程是艰辛和痛苦的，需要创始人秉持自己的初心。唯有如此，方得始终。

第二步是创新认知。从规模化方面来讲，发明与创新有着本质不同。真正的创新应该能够规模化地创造经济效益和社会价值，否则就叫创新。

第三步是创业认知。如何比你的竞争对手更快速高效地配置资源是创业的实质，创业者在创业过程中通过不断地突破自我认知的边界来解决问题。

创新始于突破边界，始于一种无序状态下的碰撞。而创始人的使命和本质就是突破边界，实现重构。创业之路从来都不是一帆风顺的，创始人总会面临各种坎坷，这就要求创始人有强大的内心支撑，拥有诗人的想象力、科学家的敏锐、哲学家的头脑和战略家的本领。

创业的边界就是创始人的认知边界。创始人必须走出去，突破自己的认知边界。在创业过程中存在着太多的认知盲区甚至误区，如果创始人不及时突破，这些盲区很可能会成为创业企业的瓶颈。对于创业企业来说，做对了一件事情不一定会使企业成功，但要是在关键时刻做错了一件事情，或者根本就没意识到这件事情的重要性，就会给企业带来无法估量的损失。

总结起来，人对事物的认知可以划分为四个阶段：不知道自己不知道，知道自己不知道，不知道自己知道，知道自己知道。创业者首先要知不足，然后才能不断拓展自己的认知边界。认知边界决定了一个人的格局和事业的高度，只有创业者不断拓展认知边界，企业才能持续发展壮大。

突破：不畏世俗，不忘初心

回想起十几年前刚刚创业时，设计师出身的我，一直以来的梦想就是构建一个塑造品牌价值的生态平台。如今我虽已四十三岁，仍与许多年轻的创业者一样，心中充满激情，头脑里拥有一幅美好的蓝图，期许自己能实现自己的愿景，也希望能够帮助更多团队和品牌塑造价值。

不畏世俗，不忘初心，以零点思维选择跨界与创新，探索对认知的完善和超越。我的定位是成为最具价值创造力的全案策划师！我现在将全部精力聚焦，投入到创业投资和企业孵化事业中，以"发现、培育、孵化、塑造、结果"为执行策略，主张创业从结果开始，以归零的心态重新梳理企业战略，让企业的发展有能见度和清晰度，实现零点思维引领全局。

本书阐述从创业者到投资家的落地执行系统，让更多有梦想、有使命的创业者有完善的商业模式，有宽广的战略思维，有可持续发展的团队；以终为始，在国家大力推进创新创业的时代背景下，取得创业成功，实现自己的创业梦想！

中国梦，创业梦！

罗　杰

2017 年 8 月 18 日

自序二

创业"不易"

创业不易，当然有创业艰难、不容易的意思，但"不易"更重要的意思是不改变、坚定不移。即创业理想、创业梦想不易，创业目标不易，创业精神不易。

我们有幸身处一个伟大的创业时代，拥有创业的理想和梦想，胸怀创业的目标，投身于伟大时代的创业洪流，无论成败，百折不挠的创业精神不易，这些都将成为时代精神的写照，让一代人无愧于伟大的创业时代。

我并不是一个创业者，也无法现身说法。其实也没资格在书中点评。

从我 1981 年 7 月正式参加工作起，眨眼间 30 多年过去了。其间我有 10 余年在军工企业从事中层管理工作、有 20 多年证券公司投资银行工作经历，因此对企业并不陌生。尤其是在投资银行工作中，我每年要接触或调查几十家甚至更多不同类型的创业企业或成熟企业，与许多正在创业或创业成功的企业领导者交流，旁观近察、耳闻目睹，接触的企业多了，对创业也或多或少有所了解，产生了一些看法和思考。

创业"不易"

创业并非易事。它可能成为你生命中最美妙的乐章，也可能是你生命中不堪回首的糟糕经历。人生无悔，创业无悔，拼搏和奋斗的过程可能更能彰显生命燃烧的瑰丽色彩。

事实上，创业失败的概率是相当大的。市场上流行着这样的笑话："你在市场上看到的创业公司，10 个里有 11 个会失败。"从全球看，创业成功的概率不到1%。这从另一个侧面告诉我们，盲目创业只会导致失败的结果。而认清结果、谋划结果，以结果为导向开始创业也许是实现创业目标、达成创业结果的最佳路径，正是本书的立意所在。因此，本书也许对准备创业者更具有警示和借鉴意义。

创业理想"不易"

人生因有梦想而充满激情，因有梦想而富有诗意。要想诠释美妙而富有诗意的创业人生，必须拥有创业理想，一旦理想形成，必然"不易"不悔。

我们处在一个不同于以往任何时代的崭新时代。这个时代因为互联网而变得异常精彩。在互联网时代，中国已实现对发达国家多个领域的追赶和超越，形成了许多领域"后发先至"的优势，这让世人惊奇和赞叹！

理想"不易"就会产生奇迹。中国梦同样是创业梦，梦想"不易"就会创造神奇。在互联网时代，中国产生了一大批富有时代精神、怀揣产业梦想、具有创新精神的创业英雄，这些闪耀着时代光辉的名字是：华为的创始人任正非，格力电器的董事长董明珠，阿里巴巴的创始人马云，腾讯的创始人马化腾，百度的创始人李彦宏，小米的创始人雷军，360 的创始人周鸿祎，滴滴出行的创始人程维，华大基因的创始人汪健，大疆无人机的创始人汪滔……他们颠覆性的创新成果改变了我们的生活方式，扩大了我们的生活轨迹，颠覆了我们对于生活的想象——他们改变了世界，创造了新的商业模式，演绎出新的商业格局，使我们的生活变得更加美好。

创业从结果开始，或许"结果"就是我们的理想，就是我们的梦想。只要我们理想"不易"，梦想"不易"，就能够结出丰硕的创业之果。

创业目标"不易"

如何创业更容易成功呢？在哪些领域创业更容易成功呢？毫无疑问，选择创业目标至关重要。而且创业目标一旦选定，创业者就要坚定不移，就要心无旁骛地聚焦目标，不达目的誓不罢休。

选择创业目标当然要研判未来的发展趋势。财富永远属于有眼光并敢于行动的人！一般来说，选择具体的创业目标要考虑以下因素：

第一，市场足够大。创业项目所处的行业、进入的领域，其市场一定要足够大，否则你可能只适合做小生意。假设你只想开一家小吃店或杂货店，如果你不进行商业模式创新，那么这家店可能只适合做小生意，无法做成大产业。同样是开店，沃尔玛创新连锁店商业模式，天猫则将店铺虚拟化，它们同样都取得了巨大的成功。因此，创业项目要进入的领域要么现有市场足够大，要么你能颠覆市场重新创造更大的市场，否则，创业成功的概率会大大降低。

第二，成长是关键。创业项目如果没有成长，做起来会很难。有人说："站在风口上，猪都会飞。"风口是什么？其实就是事物发展变化的趋势。某个行业成长起来后，你如果非常幸运地站在该行业里，就会享受到它的成长带来的福利。顺势而为，企业成长才会插上翅膀，飞得更远，飞得更高。

第三，熟悉的领域容易成功。如果你盲目地进入不熟悉的领域，去做你不熟悉的事情，那就意味着过去的经验、过去积累的人脉可能都无法派上用场。新的领域可能机会很多，但当你进入的时候，需要重新学习，从头开始，时间和人才成本会很高，风险同样是巨大的。

创业目标的设定更要紧跟时代发展的脉络和主旋律。人类将很快进入 5G（第五代移动电话行动通信标准，也称第五代移动通信技术）通信时代，据未来学专家分析预测，未来社会发展的三大趋势是"模拟""共享"和"自由"。

未来所有现实都会被"模拟"

VR（虚拟现实技术）可以把你带入到虚拟世界里，AR（增强现实技术）则可以把虚拟物品带到你面前。人类以往的科学技术基本都是改造外界，而从当下的虚拟现实技术开始，量变终于引起了质变，人类正从俗世中"超脱"。VR能够把虚拟信息（物体、图片、视频、声音等）融合到现实环境中，虚拟现实不仅仅会涉及视觉、听觉，还会涉及嗅觉、触觉、味觉，构建一个与真实环境相似的更加全面、更加美好的世界。

在未来，现实的边界会被彻底打开，千里之外的朋友可以立即站在你面前，你们甚至可以对话、拥抱、亲吻；你可以触摸到虚幻世界的任何物件；你还可以瞬间置身于某个世界中，这个世界中的一杯茶、一片海、一座山，都让你身临其境，而你只能确定自己的存在，因为周围所有的东西都可能是虚拟的。

未来所有资产都会被"共享"

共享经济的商业本质是以"用"代买，其实就是一场革命。未来的一切资产，包括有形的和无形的，都不再被私人占有。

在大工业年代，资本、厂房、设备、工人、土地等生产资料都掌握在资本家手里，而且这些生产资料都不具有可复制性。

在互联网时代，技术革命代替暴力革命，彻底改变资本家独占生产资料的现状。以淘宝为例，淘宝可以把店铺无偿供给卖家使用，因为淘宝复制"店铺"的成本很低，最多需要扩充一点内存，对于云计算来说，这些成本完全可以忽略不计。在互联网时代，我们共享的很多资源都是无偿的、无须付费的。我们使用的很多互联网平台和工具，如微信、网络邮箱、云数据、云存储等都是免费的。企业的商业模式更是发生了颠覆常人思维的变化，就像人们经常调侃的"羊毛出在狗身上，猪来买单"，这就是互联网时代的商业模式。

大工业时代的资本是独占的，而且带有扩张性和侵略性，但在互联网时代，资本具有可复制性，并且往往带有公共服务的色彩！这就是共享经济的本质，它大大促进了社会和谐。

未来经济是共享型的，互联网的存在逻辑是优化社会运行，让一切商业和工作模式的损耗降到最低。在未来社会，一件物品究竟属于谁并不重要，重要的是我们每个人都可以使用它。

未来所有人都会获得"自由"

为了协作生产，今天我们还要加入某个单位或企业，并被"集中指挥"，很多人为了谋生被迫机械地工作，这束缚了人性。

互联网给予人性回归的通道。互联网以大数据、云计算为基础，努力实现"多个服务个体"对接"多种个性化需求"，人们可以根据自己擅长的本领自由支配自己在什么时间什么场所做什么事情，根据自己的兴趣所在制订目标，决定自己成就什么样的事业。

未来每一个人都是一个独立的经济体。既可以独立完成某项任务，也可以依靠协作和团队执行系统性工程，所以社会既不缺乏细枝末节的耕耘者，也不缺少执行浩瀚工程的团队。每一个人都将获得自由和重生！

把握未来社会发展的三大趋势，创业目标更应该与时代发展同步，与未来社会的需求相吻合。

创业精神"不易"

创业是一种精神的体现。在国外大家佩服犹太民族的赚钱能力，在国内大家佩服潮汕人的赚钱能力，为什么？因为他们都有一种创新创业的精神和情怀。

改革开放以来，中国涌现了几次创业潮，民间激情加上政府引导，从中央到地方都大力推动和鼓励创新创业，创业潮不断高潮迭起、波澜壮阔。创新创业使中国经济超常规发展，短短几十年，中国从贫穷落后一跃成为世界第二大经济体。

我们有幸赶上了最好的创业年代。激情创业的热潮势不可当，中国大地上如雨后春笋一般诞生了一大批光耀史册的优秀企业。仅仅十几、二十年，华为依靠技术创新成为电信巨头；格力电器依靠科技和质量成为空调行业的龙头企业；还有一大批成功创业的独角兽公司：百度、网易、搜狐、京东、小米、360、大疆、滴滴出行、摩拜单车、ofo 小黄车、猪八戒网、巨人网络……

　　成功创业者往往具有共同的 DNA（Deoxyribonucleic Acid，脱氧核糖核酸）。他们的企业具有什么共性？第一，目标市场大；第二，商业模式具有延展性和复制性；第三，盈利模式清晰，具有核心竞争力，创业企业不是慈善机构，企业必须要赚钱；第四，具有聚焦的能力以及专注力，很多企业喜欢做非常多的东西，这山望着那山高，摊子铺得很大，导致企业现金流出现问题，倒闭是早晚的事；第五，善于抓住时机，时间就是一切，商机就是创业企业的生命，创业企业要成功必须有领先市场半步的本领；第六，有好的企业领袖，掌门人要有大将风度，目光远大，目标专一，能够带领创业企业乘风破浪，创造商业奇迹。

　　创业者要有梦想，有情怀，诚实守信，独立思考。以"不易"的创业精神，推动创业企业迈向成功。本书旨在通过结果导向提示创业者减少盲目跟风，少走弯路，帮助创业者在创业之路上走得更加稳健。这是本书的初衷，也是我们编写本书的目的。

谷家忠

2017 年 8 月 20 日于深圳

目 录

目　录

第一部分

全局智慧

　　"不谋万世者，不足谋一时；不谋全局者，不足谋一域。"这句话是古人给予我们的一种全局思维和智慧，想做好一件事情，就得方方面面都考虑到，从长远、全局出发。

　　从全局的角度，对某项任务或者某个项目的各方面、各层次、各要素统筹规划，从而集中有效资源，高效快捷地实现目标，这就是我们常说的"顶层设计"。企业为了可持续发展，要制订一套系统的、具有较强可操作性的解决方案。以终为始正是这套解决方案的根本性原则。创业者有他的人生设想，有他对目标市场和用户需求的理解与把握，也有他对竞争格局的认知，创业者把这些系统梳理后，设定好一个终极目标和经营理念，再进行倒推设计。这套解决方案的可操作性正基于此，它像拍戏一样，把时间倒推并形成一个分阶段剧本，每个阶段的时间、人物、场景、道具、事件都应当一一细化到剧本里，并把潜在的问题和风险都预见到，缺人补人，缺钱补钱，各个资源一一配置到位，企业一把手是制片人，管理层是各级导演，执行层就是演员和各职能工作人员，大家都按照"剧本"上的分工扮演好自己的角色。

　　以终为始是一种全局思维，从我们所设想的终极目标出发，倒推设计和布局，规划出一个简单、有效的执行方案。这就是我们全局智慧的核心思维，创业成功之路。

第一章

信念与结果

点石成金

Change is the law of life. And those who look only to the past or present are certain to miss the future.

改变是生命的定律，而那些只看过去和现在的人一定会错过未来。

1. 创业是成就企业家的沃土

21 世纪。

这是一个创新的时代，也是一个创业的时代。这是一个"大众创业、万众创新"的"双创"时代。

改革开放 40 年来，创新创业已经成为引领经济社会发展的时代主旋律，这与国家以经济建设为中心的定位完全一致。中国能在短短 40 年间迅速崛起成为世界第二大经济体，与全民创业热潮的兴起和一大批创业企业家的开拓进取密不可分。

> 创业，已经成为改变自我的一种方式和工作习惯。
> 成功的创业者和企业家已经成为引领时代发展的精神楷模。
> 创业精神、企业家精神成为时代精神的核心元素和重要组成部分。
> 创新时代需要一大批创业者和富有创新精神的企业家，时代推动全民创业，时代造就企业家队伍，时代呼唤企业家精神！

中国企业在近代以来的发展历程中，不断发掘、培育和弘扬创业精神，从而激发市场活力，推动经济的发展、社会的进步以及国家的富强。

改革开放 40 年来，在创业精神的激发下，中国的企业家群体迅速成长起来，缔造了一大批优秀企业，并且形成了具有中国特色的企业家精神。

在进入互联网时代和"双创"时代的今天，企业家队伍愈发壮大。不管是国有企业领导人，还是卓越的民营企业家，或者是中小微企业创新创业者，这些企业家都是国家强盛之本。

一个创新的时代大门早已开启，"大众创业、万众创新"的洪流激荡而来，创新精神引领和支撑经济体系的发展。

目前，"双创"已成为时代精神的重要内核。创业精神、企业家精神成为推动经济社会发展的重要力量。

改革开放初期，中国企业家曾向哈默、艾柯卡、松下幸之助等国外知名企业家学习。随着中国经济的发展，我国涌现出一大批像任正非、柳传志、张瑞敏、董明珠、马云、马化腾、雷军、李彦宏等创业企业家，提振了我国企业家的自信心，增强了我国企业对全球经济的影响力。创新是经济发展和进步的核心动力，市场经济保持长久活力的根本在于创新。

> 企业家的精神内涵主要包括三个方面：
> （1）创新精神。
> （2）坚守精神。
> （3）兼济天下的精神。

德鲁克把企业家归结为所有在经营管理企业中具有创新精神的人。企业家与企业的规模、所有制形式、是否为股权所有者无关，只要富于创新意识、具有创新精神、为社会创造价值，这种企业的创业者、创始人、领导人或者职业经理人都可以被称为企业家。

企业家是财富的创造者，企业家也可以是财富的拥有者，但也可能不是财富的拥有者。比如不参与企业管理的企业股东可能是财富的拥有者，他们是成功的投资家，而不是企业家，大富翁不见得都是企业家。职业经理人同样可以是企业家，具有改革创新意识的国有企业领导人作为职业经理人同样是企业家。如果没有任何创新，没有创造价值，就算富可敌国也不能称作企业家。

创业者都渴望成功，但做企业也常常会不断遭受失败。企业家是创业者里的成功者，但即使是企业家也不可能不遭遇挫折甚至失败。任何事物的发展都是循序渐进的螺旋式上升的过程。许多企业家都是经历多次失败甚至多次破产后才取得更大成功的。企业家并不是常胜将军，摔倒了能够顽强地站起来，百折不挠，创新不止，这种企业家精神更加可贵。

关于企业家精神，被称为"中国的稻盛和夫"的著名企业家宋志平在《以企业家精神激发市场活力》一文中提到，企业家精神的内涵，最核心的主要包括三点。

第一，创新精神。熊·彼特曾把企业家精神描绘为创新和冒险精神，认为企业家是一群对成功充满渴望的人。但德鲁克认为，企业家最大的特点是创新和把握机遇，冒险不应是企业家的选项。我们更认同德鲁克的观点。在过去供给不足的年代，机会成本不高，敢吃螃蟹的冒险者有可能成为企业家。而当今市场竞争异常激烈，企业家应认真思考、评估和把控风险，识别并有效利用提高经济效益的各种机会，以创新的思想和技能推动企业发展，控制风险，规避失败，才可能一步一步走向成功。

第二，坚守精神。做企业的过程艰辛而漫长，有没有坚守精神，能不能耐得住寂寞、板凳甘坐十年冷，这往往是做企业、搞技术能否成功的关键。德国工业靠众多"隐形冠军"企业造就了强大的竞争力，这些"隐形冠军"创业至今平均已有 60 年以上。许多知名企业和知名品牌往往是经过几代人的接力传承才产生让世人所知的品牌影响力并获得成功的。

第三，兼济天下的精神。企业家应当有"先天下之忧而忧"的精神境界，履行社会责任，为社会谋福利，努力增进他人的幸福和利益。在互联网时代，需要利他才能成功。企业家对国家、对民族、对社会的责任和担当，是企业家精神最大的升华。

生命不息，创业永续。

创业是成就企业家的沃土，更是社会进步的源泉。

2. 坚定信念，追求卓越

> 人生一世，创造为乐。人活着，总要为社会做点什么。创业是奉献社会，提升自我的方式。坚守不败的信念，最终才能成功。创业无论成败，都是创业者人生自我完善的过程。
>
> 马云曾说："世界不会记得你说了什么，但一定不会忘记你做了什么！"

创业，需要一种信念。

下定决心去做，并且坚持不懈，需要坚定的信念。信念是一种力量，它可以使人在黑暗中不停止摸索，在失败中不放弃奋斗，在挫折中不忘却追求。在它面前，天大的困难微不足道，无边的艰险不足为惧。只有保持这样一种力量，你才能获得想要的成功。

俄国画家列宾曾经说过："没有原则的人是无用的人，没有信念的人是空虚的废物。"在中国两千多年前的汉朝，著名史学家司马迁因"李陵事件"下狱，受了宫刑。应该说，人世间没有比这更大的耻辱了。可是他没有消沉，而是忍辱含垢，披肝沥胆，专心著述整整十余年，终于写成了鸿篇巨制《史记》。这需要多么大的毅力啊！假如他不是为了"究天人之际，通古今之变，成一家之言"，恐怕早就自尽身亡了。这就是信念的力量。

巴菲特说："成功并不完全取决于专业知识，更重要的是一种思维方法和行为能力。"每个人都必须找到自己的成功方式。这种方式不是任何人、任何机构或专家所能提供的，必须从自身挖掘和培养。目标要"高大远"，但行动要"快实细"，最重要的是"永保信念"。

明确了自己的方向后，你得相信自己做的是正确的事情。将"我想我可以这样做"换成"这就是注定要发生的"的心理暗示，你会发现你的进步。也许有人认为这是信心，但我想它更关乎一种信念。

乔丹曾说过："即便我 100 次投篮不中，我总是觉得第 101 次会投中的。"这就是一种信念。

"唱吧"的创始人陈华的成功就是那投中的第 101 次。他带着一个已经计划散伙的团队，在最后一刻决定推出最后一个项目，如果这个项目再不成功，那么就解散团队。就是这最后一个项目却使整个团队起死回生，而他们推出的这个项目就是手机应用"唱吧"。

2011 年 2 月，陈华从阿里巴巴辞职开始自己创业。他带着来自酷讯、阿里巴巴、开心网的创业团队，创建了最淘网。最淘网只存活了几个月就宣告失败，接着陈华的创业团队相继提出新的项目计划，都被一一否定。最后就在团队计划解散的时候，陈华提出了最后一个项目——做一个供普通人唱歌的 KTV 软件，可这也遭到了同事们的反对。在陈华的坚持下，大家勉强通过了他的方案，决定做这个项目。

结果，让陈华没有想到的是，"唱吧"刚一上线就得到了众多网友的欢迎，下载量更是高居第一，这远远超出了陈华和同事们的预想。在推出后的第 5 天，在没有任何推荐的情况下，"唱吧"就成为 App Store（苹果应用程序商店）里下载量第一的手机应用，在近 5 个月内吸引了近百万用户，众多明星开始进驻"唱吧"，更让陈华没有想到的是，《中国好声音》栏目组也找到陈华，准备和"唱吧"合作。据业内人士评估，当时"唱吧"的估值已达 7500 万美元，而当时包括陈华在内的"唱吧"只有 16 名员工。截至 2015 年年底的 D 轮融资后，"唱吧"的估值达到了 43 亿元。

"唱吧"的成功，在于陈华坚持第 101 次投篮。有记者采访陈华，问他为什么能够在那么多创业项目失败后仍坚持下来。陈华说："没有一只鸟会死在寻食的路上，只要坚持就会有成功的一天，对创业来说，可怕的不是失败，而是放弃。"

> 对一个创业者来说，也许最困难的就是面对种种质疑的时候，你是否还能坚持自己的信念，你做的东西大家都不看好的时候你会不会动摇。

众所周知，马云做中国黄页时，到处被人说是骗子；在见孙正义之前，他和他的阿里巴巴在硅谷至少被拒绝了 40 次。但是马云坚持认为他走了一条正确的道路，绝不动摇。信念如斯，他成功了。

坚定的信念，是对一个明确方向的坚持，是对一个焦点的聚焦。你今天做这个，明天做那个，力量不聚焦，再坚持也是枉然。

李彦宏刚开始做百度的时候，也不被人看好。当时诸如新浪、搜狐、网易等各大门户网站都有搜索引擎，大家都觉得百度做这个搜索引擎太过时了。那时人们理解的搜索引擎是什么？是你输入一个关键词要等三秒钟才能出结果，如果一次搜索让你找到了你想要找的结果，你会特别高兴。但是在今天，在百度壮大的今天，你输入关键词之后如果一秒钟没出结果，你就会说："哦，断网了。"所以，在国内，因为李彦宏的坚持和聚焦，百度把搜索引擎作为焦点产品坚持做到了极致，成功地让人们改变了对搜索引擎的理解。

你的坚持，你的聚焦，都取决于你独立思考、独立判断的能力。遇到各种事情的时候，你要从自己的角度去想，想你是否经过深思熟虑，这件事情是不是你的机会，你是否要做下去。一旦你想清楚这些事情，不管外界有多少人质疑你，不要管它，认准了就去做。

最后因为你的坚持，你在自己这条路上成功了，你才有成就感。如果所有人都往一个方向跑，大家都到达了终点，这件事情还有意义吗？所以，面对质疑可能会有压力，但是正是这个压力会让你真正做出一些伟大的事情。

　　成功的创业者们都有一个共性，就是追求理想。也就是说，他们认定自己坚持去做的事情是为了"理想"，而不是为了赚钱。就像马云说的，忘掉赚钱。虽然，商业的本质就是赚钱，不赚钱的企业是可耻的，但是，一个具有大格局的企业家，不是赚钱的机器，并不会为了赚钱而赚钱，他们具有更高的理想。

　　任何一个创业者都会在创业过程中遇到挫折、困难、失败，遇到让人觉得再也走不下去的时候，那些仅仅是为了钱而创业的人，在这种情况下很容易动摇，会认为这条路也许是错的，于是就放弃了，去做了其他更容易赚钱的事。

　　坚持你的理想就是坚持你的方向。坚守信念是创业者人生的自我完善，追求卓越才可实现理想。

3. 设定结果，铭记初心

在某大学的一节课堂上，一位老教授对学生们做过一个测试。

老教授问道："如果上山砍树，正好面前有两棵，一棵较粗，一棵较细。你们会砍哪一棵？"

大家齐答："当然砍那棵粗的了！"

老教授一笑："如果那棵粗的是普通的杨树，而那棵细的却是红松。你们会砍哪一棵？"

学生们一想，红松比较珍贵，便答道："当然砍红松了，杨树不值钱！"

老教授依然微笑着："如果杨树是笔直的，而红松却七歪八扭，你们会砍哪棵？"

大家有些疑惑，就说："如果这样，还是砍杨树。红松弯弯曲曲的，什么都做不了！"

老教授目光闪烁着，大家猜想他又要加条件了！果然，他说："杨树虽然笔直，可由于年头太久，中间大多空了。这时，你们会砍哪一棵？"

虽然搞不懂老教授的葫芦里卖的什么药，大家还是从他所给的条件出发，回答："那还是砍红松，杨树中空了，更没用！"

老教授紧接着问道："可是，红松虽然不是中空的，但它扭曲得太厉害，砍起来非常困难。你们会砍哪一棵？"

大家索性也不去考虑他到底想得出什么结论，就说："那就砍杨树。同样没啥大用！"

老教授不容喘息地又问："可是杨树上有个鸟巢，几只幼鸟正在巢中。你会砍哪一棵？"

终于，有人问："教授，您到底想告诉我们什么，测试些什么呢？"

老教授收起了笑容，对大家说："你们怎么就没人问问自己，到底为什么砍树呢？虽然我的条件不断变化，可是最终结果取决于你们最初的动机。如果你想要取柴，就砍杨树；想做工艺品，就砍红松。这样，你们当然就不会无缘无故提着斧头上山砍树了！"

这个故事告诉我们：很多人出发太久了，竟然忘了为什么上路。无目标者，瞎忙无效！乔木灌木，杨树红松，岂能胡乱砍伐？

> 一个人只有心中先有了目的，做事的时候，才不会被各种条件和现象所迷惑。

在这个变革的时代，初心常常被一些人遗忘，正如纪伯伦所说："我们已经走得太远，以至于忘记了为什么出发。"征途漫漫，人们习惯性地迷失，以至于忘却了自我。

"行百里者，应以九十为半，此即末路艰难之谓。"秉持着最初的赤子之心行走于人生之道并矢志不渝是弥足珍贵的。许多人因为丢掉初心而堕入庸俗。那颗最初的心，那份纯真、安宁，不应被时间和环境改变。

人都有或大或小的梦想。追梦的路上怎能不磕磕绊绊？追梦的路上又岂会一帆风顺？那些想去的地方、未完成的事，一定要去实现。即使天寒地冻，山高路远，也要铭记初心。

2008 年，金庸因为搞不明白刘邦废立太子的事情，就向北大国学院的老师请教，听后豁然开朗。于是，他对时任北大校长的许智宏说："我想到北大读本科，补补国学的不足。"

许智宏笑着说："您应该读北大国学研究院的博士。"第二年，已经 89 岁高龄的金庸真的投到袁行霈教授门下学习古代文学。面对人们的困惑，金庸解释说："我从小就喜欢徜徉于书海，这成了我一生的愿望。吾生有涯，而学无涯，初心让我学会清零，像一个新生儿一样永远充满好奇，从来不会感觉到年龄的苍老。"

其实，作为创业者，就商业的意义而言，你所抱持的初心就是你人生的终极目标。

假设你站在人生终点，回顾自己的一生，你成为了什么样的人？你完成了什么事？你为这个社会、这个国家和人类创造了什么价值，做出了什么贡献？

当我们因袭的人生轨迹有违我们的初心时，我们要回归初心，调整规划，让它更符合我们的价值观。

对于创业而言，也是一样的道理。有正确的方向，加上坚定的信念，成功的概率很大。反之，方向不正确，你的信念越坚定，反而离成功越远。

正如网上一句著名的话说的那样，"不要用战术上的勤奋掩盖战略上的懒惰"。这说明，看不清方向，你做得再多也没用，那只能叫"瞎忙"。这也是创业大忌。

找到一个正确的创业方向很重要。以终为始，就是一个帮助你找到正确方向的方法论。

那么，如何找到自己的终极目标？

我们可以先思考这样一个问题：你想做小河里的大鱼，还是大海里的小鱼？

有的人要做小河里的大鱼，有的人要做大海里的小鱼。然而，不管是大鱼还是小鱼，都不能成为一个"终极"目标。

具有终极目标的答案应该是——做那个可以纳百川而凭鱼跃的大海。

这才是一个创业者应当设定的蓝海战略。设定了做大海的终极目标后，你会发现你的格局变大了，思维也不一样了，它就像一盏明灯瞬间照亮前方，让人豁然开朗。

知道了要做大海，我们就可以从结果开始，设计出一种能够成为大海的方法和路径。

凡是肯用心追根究底的人，必然对生命充满虔敬，对人生诸事都能从大处、远处着眼。如此必能具备以终为始的思路和全局战略的眼光。

4. 以终为始的全局智慧

在一节哲学课上，教授从包里拿出一个空罐子，先放入高尔夫球，问："这罐子满了吗？"

同学们回答："满了。"

教授再放入小石头，问："现在满了吗？"

"满了。"

教授笑了笑，又放入沙子，再问："那现在呢，这罐子满了吗？"

"满了！"同学们相信罐子里再也塞不下任何东西了。

可是，最后教授笑着拿出两瓶啤酒，又将罐子充分灌满。

"现在我要你们把这个罐子想象成自己的人生。高尔夫球代表着生命中最重要的东西，包括家人、朋友、健康、激情等。小石头代表生活中琐碎的事，比如汽车、房子等。沙子就是其他一些更小的事。啤酒只不过是一些'酒肉朋友'。"

那么如果把沙子先倒进罐子内，就没有空间放小石头或高尔夫球了。小石头、沙子和啤酒，都没有高尔夫球重要。若懂得整体规划，拥有全局观，我们就很容易把高尔夫、小石头、沙子和啤酒依次放入罐子。其实人生也是这样，如果你把所有时间与精力都耗在小事上，你就没有时间去在意真正重要的事情，专注那些能真正让你感到高兴的事。要先把高尔夫球，也就是真正重要的事照顾好，把优先事项列好，因为其他的东西都只是沙子而已。

寻求人生的终极目标，确定好人生中最重要的事情，用以终为始的全局思维去规划我们的人生或者企业。

以终为始的方法论可适用于各个不同的生活和工作层面，而它最基本的目的还是达到人生的最终期许。

确认使命意味着做任何一件事前，先认清方向。这样不但可对目前所处的状况了解得更透彻，在追求目标的过程中，也不致误入歧途，白费工夫。

人生旅途，岔路很多，一不小心就会走冤枉路。许多人拼命埋头苦干，却不知所为何来，到头来才发现追求成功的阶梯搭错了墙，为时已晚。因此，一些人也许很忙碌，却不见得有意义。

大多数人成功之后，反而感到空虚；得到名利之后，却发现牺牲了更可贵的事物。无论是达官显贵、富豪巨贾，还是平头小民、凡夫俗子，无人不在追求更多的财富或更高的地位与更好的声誉，可是名利往往蒙蔽良知，成功须付出昂贵的代价。因此，我们务必掌握真正重要的愿景，然后勇往直前、坚持到底，使生活充满意义。

当你摒弃一切生活杂念时，人生的真谛也会变得清晰——不要只为自己而活。简单地说，人生的意义就是度过有意义的人生。活得充实，才能快乐。

以终为始才能预见未来

以终为始，就是以一种预见未来的方式，设定你想要的结果，设定了这个结果，知道每一步该怎么做怎么走，你就会从容淡定，轻松掌控全局。从你设定的结果中，你可以预见你会走过什么样的路、会遇到什么样的困难，那你还会害怕吗？你知道你的目的地在哪里，你的理想在哪里，你就不会动摇，不会受旁枝末节的影响，遇事淡定，坚持至终。

（1）从后知后觉到先知先觉。

凡事预则立，不预则废；谋定而后动，大事可成。以终为始是一种全局观，让你从后知后觉到先知先觉。比如下棋，有的人走一步看一步，有的人则走一步看十步。谁赢谁输？显而易见，走一步看一步的人肯定输。

创业亦是如此，最忌走一步看一步。如果从开始就错了，则一步错步步错，南辕北辙，越走越远。只有以终为始的全局思维才能让你走一步看十步甚至看得更长远。不要忙于低头拉车，要记得抬头看路。

预先设定结果也是为了能走正确的创业路，把想要的结果想清楚了，知道路该怎么走，最后还是要从始到终，但是你知道了正确的方向，知道了十步百步甚至更长远的以后要怎么走。

假设有一台时光穿梭机，付 100 万元可以让你回到七年前，你是否愿意为此买单？我想大多数人是愿意的。因为，你预知了七年后的今天是什么结果，再回到七年前，你赚的可能远远不止 100 万元。

然而，时光穿梭机不可能存在，我们也不可能真的回到七年前。那有没有同样的好办法可以让我们具有这样的预知能力呢？

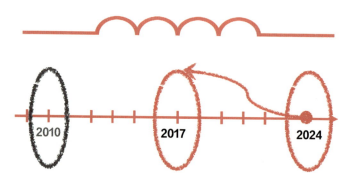

图1-1　时光隧道

如图 1-1 所示，2010 年、2017 年和 2024 年三个时间点分别代表着过去、现在和未来。从现在回到过去是不可能的，那么，从未来回到现在行不行呢？假设你的企业在 2024 年是一个什么样的结果，从这个结果一步步往前倒推，倒推至现在，那么从现在开始我该做什么、怎么做？这样的思路让人一目了然。时光穿梭机的价值就在于它让你有预知能力，而以终为始的时间倒推法，就像时光穿梭机一样可以让你先知先觉。

根据时间倒推设计的时间表，形成一个分阶段的剧本，每个阶段的时间、人物、场景、道具、事件都应当一一细化到剧本里，缺人补人，缺钱补钱，各个资源一一配置到位，企业一把手是制片人，管理层是各级导演，执行层就是演员和各职能部门工作人员。有好剧本何愁没好戏？

> 水不能倒流，那是因为没有抽水机。时光不能倒流，那是因为你不懂以终为始的时间倒推法。

（2）建立在清晰愿景之上。

既然以终为始，那么，一个企业的"终"是什么？是愿景。

全局战略建立在企业愿景之上。没有愿景就没有战略，这个世界上所有的战略竞争都是愿景的竞争。

> 愿景是企业的未来目标、使命和核心价值，是企业哲学中最核心的内容，是企业希望最终实现的图景。
>
> 愿景是成功企业的密码：看到别人看不到的东西，将洞察力与策略相结合，描绘出企业独一无二的愿景。

万科的愿景是"成为中国房地产行业持续领跑者"，华为公司的愿景是"丰富人们的沟通和生活"，迪士尼公司的愿景是"成为全球的超级娱乐公司"，这些著名企业的愿景定位都非常清晰。愿景越清晰，你的企业定位越清晰；定位越清晰，以终为始的时间倒推路线就越清晰。

愿景决定了你需要设计的商业模式。以苹果公司为例。苹果公司的愿景是"成为世界第一大的电信公司"，为了达成这个愿景，它创建了新的商业模式来设定新的游戏规则。在美国，当别的公司都在卖手机的时候，苹果公司在免费送手机。

那苹果公司靠什么赚钱？既然它的愿景是成为世界第一大的电信公司，那它当然是靠电信赚钱。它与电信运营商捆绑销售，免费送手机，用户每花一块钱的电话费要给它18%。天下没有谁不喜欢免费的午餐，在当时它以智能手机的姿态横空出世，还是免费送，没有理由不火爆。

同时，它独有的iOS（苹果操作系统）系统对接App Store，以实现苹果对所需应用程序的下载。这是要对用户收费的，这就为苹果公司贡献了利润。

庞大的用户数量刺激庞大的App下载量，这就引来大量的应用程序人员不断为其开发新的应用程序。苹果公司从应用程序开发人员卖出的服务和产品里抽取佣金提成，保证了苹果的收入。用户量刺激下载量，下载量刺激开发量，开发量又带动了下载量，这是一个良性循环。

再后来，苹果公司的平台越做越大，便又引来了无数广告商。

最后，苹果公司再把这个商业模式复制到其他国家，赚得盆满钵满。当然，每个国家国情不一样，苹果公司免费送手机这套模式在中国并没有完全复制过来，它主要走的还是传统的卖手机路线。但是，这依然没有影响苹果公司成功。

苹果公司的巨大成功就在于它拥有如此清晰定位的愿景，它明白自己要做什么，所做的一切都围绕着愿景展开。苹果公司靠什么来达成愿景？靠制定新的游戏规则。

我们说过，我们的终极目标是做大海。怎么做大海？做大海就要自己制定新的游戏规则，这个大海就是蓝海。苹果公司改变了卖手机的游戏规则，它说："我就是大海。"

所以，以终为始，拥有一个清晰定位的企业愿景就是一个良好的开始。

（3）以终为始，先从顶层设计开始。

以终为始，如何从结果开始做好全局战略？

没有完善的建筑蓝图，不要先忙着盖楼房。不管是建设一座城市，还是建造一栋楼房，都要先进行规划和设计。找来建筑设计师，把头脑里的想法变成一张概念图，再从概念图到设计图，接着是施工图，最后再落地建楼。

盖楼房从设计蓝图的顶层设计开始，做企业何尝不是如此？先有谋大局的格局，再有设计好结构的眼光。

以终为始的全局战略，先从顶层设计开始。什么是顶层设计？顶层设计是用科学的方法对企业未来发展做系统的战略规划，其最大的价值就在于让大家学会以终为始。

建筑的顶层设计在建筑蓝图里是对建筑的外观、框架结构及周边环境等一系列事物的整体规划。同样，企业的顶层设计也是对企业结构、商业模式和融资模式等一系列事物的整体规划。

【故事：煤炭与钻石】

桌上摆着一块光彩夺目的钻石，墙角的火炉边放有一些煤炭。

煤炭们唉声叹气："唉！为什么我们天生身体黑？天生没价值？天生这副德行？唉！"钻石听了很不忍，便开口安慰道："同胞们，别难过了嘛！"

煤炭们一听，七嘴八舌回答："同胞？不会吧！我们是同胞？我们可不像你天生好命，材质非凡呢！别挖苦我们了！我们怎么可能是同胞？"

钻石回答："真的，我没骗你们，我们可是远房亲戚呢！咱们的成分都是'碳'，难道不是同胞吗？"

煤炭们叹惜道："天啊！老天真是不公平！为什么我们的命运差那么多？"

钻石慢慢地说："这是因为我在地底时受到了很大的压力，再者，我没有像各位那么早出土，我选择在地下多待了好几千年，所以我们后来的样子会不同。这就是我们同样都是碳构成的差异却如此之大的原因了！"

众所周知，钻石与煤炭有着云泥之别，但是它们其实都是由同一种元素组成的，那就是碳。那为何钻石晶莹剔透、熠熠闪光，煤炭却漆黑黯淡、毫无光彩？因为两者形成的温度和压力环境不同，所以它们具有不同的分子结构。它们的形态并不是由碳原子的属性决定，而有赖于碳原子如何连接。这也如同做菜，同样的食材，在顶级厨师的手里会变成美味佳肴，而在不会做菜的菜鸟手里，则可能变得味同嚼蜡。

顶层设计决定了你的企业是钻石还是煤炭。在企业里，一个好的顶层设计，可以不断地吸引资金、人才和其他各种资源。一个好的顶层设计，会让你的企业里各个元素之间的连接更合理更完善，让你的企业成为一颗真正的钻石，主动符合上市标准，获取资本能量。

为什么要获取资本能量？因为只有获取资本能量，才能实现财富和价值的最大化。我们都知道，在传统企业里，最累的是老板，累出一身病，钱却没赚多少。可不可以轻松一点赚钱，又能赚到更多的钱？当然可以，资本运作就是一个好办法。

所以，以资本的模式来设计企业经营的商业模式，以资本的能量、资本的思维来创业，才能保证你收获更大的财富。资本运作的力量是巨大的，这不仅仅意味着更多的金钱，更重要的是它意味着你的健康，因为一个以资本的模式来设计的企业能够自动运转，不用你付出自己的健康来推动它；它还意味着更多的人脉和资源，在资本市场里，人脉和资源也是财富。

因此，创业需要以终为始的全局思维，从保证你的健康、实现你的财富梦开始，从你的人脉布局开始，运用资本的力量，像投资家那样创建自动运转的企业。

第二章

精神与传承

点石成金

Change your thoughts and you change your world.

改变你的想法，你的世界就会有所改变。

1. 人生能留下的只有精神

通常情况下，一家创业公司的企业精神往往具有浓烈的创始人个人色彩。创始人把自己的精神注入到企业里，希望成为企业的精神，也希望这样的企业精神能够传承下去。

因为只有精神，才能传承。

所以，创始人的企业家精神和企业家是决定企业命运的关键。只有企业内部源源不断地产生活力和创新动力才能支撑企业的可持续发展，而这种活力和动力的来源就是企业家精神。在一个成功的企业里，创始人留下的企业家精神不会消失，即使老一代休息了，新一代又会起来。这就完成了从创始人的企业家精神到企业精神的传递与传承。

这是一个需要企业家的时代，也是一个呼唤企业家精神的时代。马云在 2009 年一场国际演讲中就曾直言："目前商业社会缺的不是钱，商业社会缺失的是企业家的精神、梦想和价值观。"

每个时代都有其独特的精神来引领。土地、劳动者、资本等要素，只有在具有企业家精神的人手中，才能在复杂多变的竞争环境中实现整合和价值的最大化，进而真正壮大成为财富的源泉。从某种意义上来讲，企业家是企业的灵魂，企业的成绩就是企业家的成绩，企业家精神就是企业核心竞争力的最重要来源。

第二章 精神与传承

　　企业家精神是如何融入企业里去的？或者说，企业家是如何通过企业这样一个组织来体现自己的精神价值的？人类最高级的需求是自我价值的实现，而单独个体在实现自我价值的同时，必然会从客观上促进组织的发展。企业家价值的自我实现是企业持续稳定发展的动力之源。企业家在进行各种经济活动时，不断完善自我，不断创造新的成就，从而也就实现了最大的人生价值。

2. 思维的结晶才是企业灵魂

有灵魂的企业不怕被复制和抄袭，因为它无法被复制。企业的灵魂源于企业所体现的精神与思维方式。

当我们谈创业的时候，总会不可避免地谈到企业生命力的问题。完美的商业模式、完善的企业机制、专业的执行团队等，这些是一个具有旺盛生命力的企业应当具备的要素，但是归根结底，只有升华到企业灵魂的高度上，企业的生命力才能真正地持续长久。

> 做企业，归根结底是在做人，靠人来做事。所以，一个企业是否具有灵魂，有什么样的灵魂，也跟人心有关。

首先，造梦。

每个人不是被你领导，而是被自己的价值观领导；员工不是在成就你的梦想，是在成就自己的梦想，他发现在你的平台上能成就自己的梦想，顺带替你做点事。每个人都会选择最符合自己最佳利益的行为。

不只是要给员工梦想，也要给客户梦想。在做商业顶层设计的时候，你不能说"我想要做什么"，而是要说"我可以为你做什么"。也就是说，永远不要思考你要卖什么，而要思考对方的梦想是什么。我不是卖产品的，我是帮别人卖梦想的。

其次，利他。

在佛的眼里，生命诚可贵，每一个生命都是有尊严的。

所以，你的愿景一要足够大，足够让更多的人参与进来；二要以利他为原则，利己的最终很难利己，利他的最终都会利己。

在现代企业的外部环境和技术条件相差无几的前提下，对于一个企业来说，最稀缺的资源不是什么别的东西，而是企业的思想或精神。一个优秀的企业，不但生产商品，也生产思想，没有思想理念支撑的企业是不可能长成参天大树的。思想的贫穷或精神的贫穷，是一个企业走向衰落的必然表征。思想的来源是实践。但是思想不可能从实践这片"田野"中自然生发，它必须依赖一个中介物——思维才能形成。

> 企业文化就是企业的思维结晶，企业文化建设就是建立企业自己的"宗教信仰体系"。

1998年，华为员工人数8000人，截至2013年已达15万人，这么庞大的一个团队，究竟是靠什么样的信念团结起来的？《华为基本法》功不可没。

作为企业思维的结晶，《华为基本法》为人津津乐道，纷纷效仿。从1998年制定《华为基本法》以来，华为已从一个默默无闻的小企业，成长为电信业的巨头之一。

我们所说的企业文化，是一个老板的人生定位、思维方式、处世原则、沉淀总结的综合体，它会产生一种力量、一种格局、一种印象，这种力量是企业的灵魂，这种格局是企业的布局，这种印象是企业的场。

《华为基本法》正是根据任正非的思维因果，用统一的语言集中做的一次梳理，它把一个与时俱进的价值罗盘置于每一个人的心里，从而使老板与员工的思维方式和行为方式有一个共同的始发点，达成一定的心理契约。

可以说，这就是华为公司的"宗教信仰体系"、企业灵魂。统一了价值观、思维方式，便能人心所向。

IBM（国际商业机器公司）公司的"宗教信仰体系"是员工的三大原则：个人尊严、卓越与服务。不论世事如何变化，IBM 始终信守这三大原则。而且从上到下，人人奉行不渝，就仿佛水的渗透，无所不在。

IBM 公司有一次在纽约训练一批员工，班上人数不多，有 20 人左右。有位来自加州的学员不幸生病，需要特殊治疗。主办训练的 IBM 人员，原想安排他就近住院治疗，但为体谅他妻子的心情，便决定送他回家由家庭医生诊治。为了争取时间，公司居然租直升机送他到机场。发现无法等待普通班机后，公司还包专机，千里迢迢送他回加州。

虽然确切的金额不详，但我相信这笔开销不下数千美元。为了秉持个人尊严的原则，IBM 宁愿付出这些代价。这对在场的每个员工都是最好的教育机会，必定给他们留下了深刻的印象。

3. 掌握规律才能做到至简至易

【故事：太空笔】

在 20 世纪 60 年代，美国和苏联比赛上太空。大家都发现同样一个问题：在无重力状态下，普通的圆珠笔和钢笔都写不出字，没有办法在太空里很好地做记录。

于是，美国花了两年时间和几百万美元研发费用后，研制成了能在太空环境下使用的圆珠笔——太空笔。这是美国人的做法——投入大量时间和资金搞研发。苏联却不研发，它既不花时间也不花钱就解决了这个问题。

苏联是怎么做的？用铅笔。

往往看上去很复杂的问题，其实很简单。创业就是要学会把复杂的问题简单化。

首先，方法至简。创业成长的过程，无非是从无到有、从起点到终点、一步一个脚印的过程，所以，当我们以终为始，按时间倒推法把终极目标一步步分解成最简单的步骤时，创业也就变得不再那么复杂。它的本质就是：所有的步骤都简单地冲着一个目标去，一切与目标无关的旁枝末节都不必做。

其次，产品至简。太空笔的故事告诉我们，不但方法要至简，产品也要至简。乔布斯深谙此理，把苹果产品都变成了简洁的东西。因为追求至简，乔布斯为了寻找一款功能简单的音乐播放器，iPod（苹果公司音乐播放器）因此诞生。在iPod设计之初，乔布斯会浏览用户界面的每一个页面，并且会做严格的测试：如果找某一首歌或者使用某项功能时，按键次数超过3次，乔布斯便会非常生气。为了将简洁做到极致，乔布斯甚至还要求iPod上不能有开关键。与iPod同时代的索尼当时也出了一款系列产品，叫Sony Clie，主要定位个人数字助理。这款产品是索尼集大成之作，各种高端技术融为一体，可以听歌，可以录像，可以上网……但最终这款"万能"的产品败给了功能单一的iPod。

花一秒钟就看透事物本质的人，和一辈子都看不清事物本质的人，注定有截然不同的命运。乔布斯不过是一眼看透了一个音乐播放器的本质，便成就了iPod的传奇。

做领袖就是要做花一秒钟看透事物本质的人。**本质就是事物发展的规律，掌握规律才能做到至简至易。**

我们每个人的思维是很混乱的，我想做这个，又想做那个。没有结果之前都是混乱的。我们要透过这些混乱的现象看到它们的本质，梳理出一个结果来，我们才有清晰的能见度。

有一家开美容店的创业公司，它想把蛋糕做大获得资本上市，目前它具有媒体、培训和护肤品供应等方面的资源（见图2-1），那么这个美容店老板应该怎样把这些看起来很混乱的元素梳理清晰，把它们整合在一起呢？

图2-1 美容店的资源

我们知道，成分一样的钻石和煤炭，它们云泥之别的原因在于它们结构中碳元素的连接方式不一样。所以，结构好不好，关键在于连接方式。连接方式就是它们的规律。顶层设计就是要找到它们的规律，很好地把它们连接起来。

正如那个著名的比尔·盖茨的女婿的故事，一位父亲把自己的儿子和比尔·盖茨、世界银行总裁的关系融合起来，这样他的儿子就直接升级为钻石了。这个故事是这样的：

父亲对儿子说："我想给你找个媳妇。"

儿子说："我要自己找！"

父亲说："但这个女孩子是比尔·盖茨的女儿！"

儿子说："要是这样，可以。"

然后这位父亲找到比尔·盖茨，说："我给你女儿找了一个老公。"

比尔·盖茨说："不行，我女儿还小！"

父亲说："可是这个小伙子是世界银行的副总裁！"

比尔·盖茨说："啊，这样，行！"

最后，这位父亲又找到了世界银行的总裁，说："我给你推荐一个副总裁！"

总裁说："可是我有太多副总裁了，没必要再多一个！"

父亲说："可是这个小伙子是比尔·盖茨的女婿啊！"

总裁说："这样呀，行！"

儿子成为比尔·盖茨的女婿、世界银行的副总裁的关键是什么？这位父亲的知道比尔·盖茨需要一个世界银行的副总裁，而世界银行需要一个比尔·盖茨的女婿，这就是把它们连接起来的关键。就像世界银行总裁说的，他不缺副总裁，但是缺一个比尔·盖茨的女婿。"副总裁"和"比尔·盖茨女婿"就是不一样的连接方式，"副总裁"的连接方式是煤炭，"比尔·盖茨女婿"的连接方式就是钻石了。

> **当你看清了事情的本质，有一个清晰的能见度后，事情就变得简单了。**

我们再回头看看那个美容店老板，他又应该如何把那些他想做的、看起来很混乱的事情梳理清晰呢？如图 2-2 所示，运用全局思维可以做出以下顶层设计：

能见度梳理架构

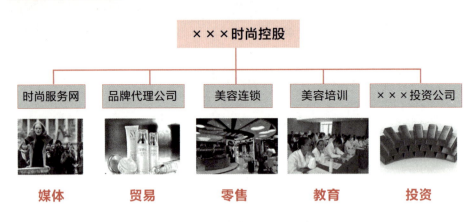

图2-2 美容店的顶层设计

成立一家时尚控股集团，旗下开设时尚服务网、品牌代理公司、美容连锁店、美容培训公司，把媒体、贸易、零售、教育几大板块的内容连接起来，形成一个产业生态链，最后再开设一家投资公司，收购同行业公司，扩大规模，一步步做到行业 No.1。

4. 企业传承的红点谋略

我们说创业要以终为始，从一开始就要做好顶层设计，这样才能吸引资本力量。我们要知道，在投资家的眼里，不是所有的企业都是可以投资的。

> 从资本的角度来看，企业只有两种：可投资的和不可投资的。所以，我们必须了解，哪些企业是可投的，哪些企业是不可投的。

"商人模式"企业缺乏可传承性

在传统的创业模式里，企业是这样发展的：先从一个创业者开始，发展到有合伙人或家族成员参与，然后有可能会雇用员工，企业发展到一定规模后成为"商人模式"。大多数中小企业都是这种商人模式，有组织，结构完整，具有一定的规模，利润可观。这种企业的老板在很多老百姓眼里已经属于"成功"人士，当然，他自己也感觉自己"成功"了。"商人模式"的企业继续发展，规模越来越大，最后发展成家族式企业。

如图 2-3 所示，传统企业增长结构图中，从最开始的创业者到家族企业的成长，我们用一个深色的点来表示，随着企业规模的发展，深色的点也越来越大，这就是企业的"红点"。在"商人模式"的中小企业里，老板感觉自己已是成功人士了，懂得专业的事情交给专业的人去做，但不懂得如何像投资家那样理财，所以自己的团队最终无法成为真正的专业团队。

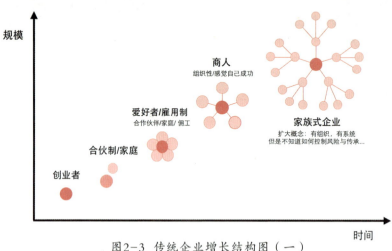

图2-3 传统企业增长结构图（一）

当企业的规模继续扩大，发展成为家族企业时（见图2-4），企业的组织性、系统性越来越强，但是，由于专业团队不够专业，企业越来越大，事情越来越多，最后最累的也是该企业的"红点"。

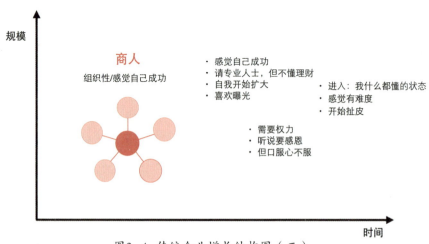

图2-4 传统企业增长结构图（二）

　　所以，我们可以看到，家族企业能如此发展壮大，"红点"势必是一位强势的领导者。在家族企业里，有一位强势的"红点"不见得是一件好事（见图2-5）："红点"太强势、精力充沛，事无巨细，大小事都是他说了算，从而没有注重建设企业的制度，没有靠制度来管理，只是靠他个人的权威，接替者没有经验，想学他的管理方式，又没有他的权威，结果新任接班人无法很好地管理公司。

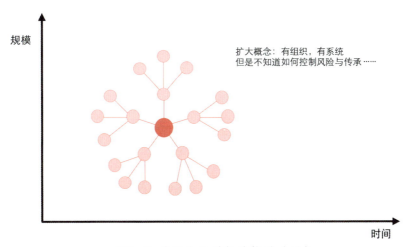

图2-5　传统企业增长结构图（三）

　　由此可见，家族企业的风险是不可控的，家族企业存在严重的企业传承问题。这种企业最糟糕的情况就是，万一"红点"突然因为种种原因不能经营企业了，企业可能直接面临倒闭。

　　所以，**这种"商人模式"的企业，在投资家的眼里就是不可投的，因为"红点"风险太大。**这样的"红点"企业家，在投资家眼里并不是真正优秀的企业家。

　　在古代，如果有人能够根据太阳和星星的位置准确地报出当时的时间，大家就会觉得这个人很厉害。但如果这个人能造一个钟，随时可以报时，并且留传百年，造福千秋万代，他才是真正厉害的人。所以，一个优秀的企业家，不是在位时让这个企业经营得好就是好，更重要的是，他要为这个企业打造一个制度、一种文化，让这个企业按照这种方式运行后，能够成就百年基业。

还有一些创业者，他很有理想，这个想做，那个也想做，所以开了很多公司，每个公司都主营不同业务。多一个公司就多分散他一分精力，"红点"主位的力量太分散，不能集中力量办大事。虽然这些创业者有理想，但是他不懂得将理想升华为自己的愿景，所做的事情太多太混乱，缺乏战略，不懂如何找到这些规律，并把它们与愿景联系起来。**这样的创业者在投资家看来也是不可投的。**

资本喜欢可传承的企业

由上可见，想要吸引资本力量，你的企业首先必须是一家可传承的企业，拥有专业的团队而不存在不可控的风险；其次要有战略，有愿景，拥有优秀的人才和团队。

在投资家看来，一个企业不需要太强势的领导人，只需要完善的机制、完美的商业模式。机制向内，模式向外，双管齐下。好的机制会把笨人变聪明，把懒人变勤快。好的商业模式则让企业持续性盈利。

创业者应该把自己放在"战略家"的位置，用全局思维进行布局，首先打造一个真正的专业团队，然后站在专业团队之外，以投资者的角色来管控企业（见图 2-6）。

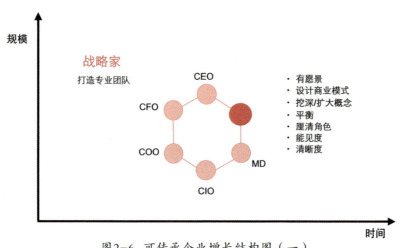

图2-6 可传承企业增长结构图（一）

在打造专业团队阶段，企业就已经具有清晰的愿景、可持续发展的商业模式、能够深挖的概念和平衡的资源，并且以终为始分解目标，让企业发展有能见度和清晰度。

这个专业团队就是你的 CEO（Chief Executive Officer，即首席执行官）、CFO（Chief Financial Officer，即首席财务官）、COO（Chief Operating Officer，即首席运营官）、CIO（Chief Information Officer，即首席信息官）、MD（Managing Director，即董事总经理）等，他们是你的火车头。当你站在专业团队之外，以投资者的角色来管控企业的时候，你只要驱动火车头就可以了。你甚至可以打造一套自动运转系统，这样连火车头都不用你亲自去驱动。

也就是说，作为一个创业者，想要主动获取资本力量，要像投资家那样构建你的企业，打造各个专业团队来为你做事。

当你像投资家那样去管理你的企业时，你会发现你的企业具有特别清晰的愿景；你可以在企业家、战略家、投资家之间自由转换角色，也拥有无穷大的资源。你的时间和思想是自由的，拥有真正的专业团队为你做事，你不会再被企业的大事小事弄得焦头烂额、筋疲力尽（见图2-7）。

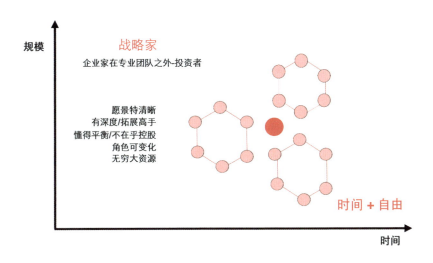

图2-7　可传承企业增长结构图（二）

在投资家的眼里，这样的企业才是真正符合上市标准的企业，不存在不可传承的风险，可持续发展的力量大，这样才能保证投资有源源不断的回报（见图2-8）。

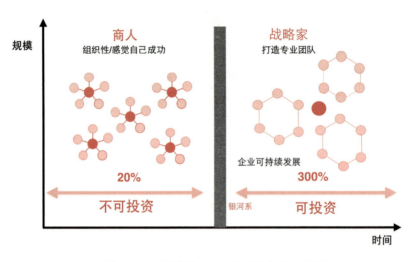

图2-8 可投资企业与不可投资企业区别

第二部分

能量聚焦

　　第二次世界大战时期的德国名帅古德里安信奉着一句名言——"别用巴掌拍，要用拳头砸。"这一信条被充分地体现在了他所指挥的突破法国色当一战中，他把优势兵力集中，高速推进，冲击法国人的防守阵线。

　　商场如战场，战场中所讲求的集中优势兵力从某一点突破，在商业中被更多地称为聚焦，不过虽然企业家们大都知道聚焦对配置企业资源和品牌诉求的重要性，但在更多时候，他们往往习惯性地举起了自己的"巴掌"。

第三章
创新与平衡

点石成金

The only person you are destined to become is the person you decide to be.

你唯一注定成为的人，是你决定成为的人。

1. 拥有领袖思维

我们在前文说过，我们要做，势必就要像一个领袖那样思考。公司创始人拥有领袖思维，才能一开始就把企业格局提升到一定的高度，这也就是我们通常说的，赢在起跑线上。

创业者的思维层次决定着企业的出路

作为一个创业者，人生最需要升级的就是思维层次，也就是你看世界的方式，你对于各种事件反应的模式。

从小处说，同样是买洗衣机，你首先考虑的是价格，别人首先考虑的却是品牌、体验和服务。这就是不同的思维层次。

再比如，在一二线城市，上下班是一件比较费时间的事，通常大家首先考虑的是方便、快捷、价格合适等几个方面，但是如果你考虑的是如何把上下班时间变成高质量的阅读和思考时间，那么整个思考的角度、维度就不一样了，最终的结果也不一样。这也是思维层次的差别。

从企业的角度来看，一个普通的员工，他只能从职业的角度看问题，因为他只有员工的思维层次；一个老板、CEO看问题却是从企业出发的，一个创业者至少要具备这样的思维层次；如果这个老板具备领袖的眼光，他还会看到整个行业甚至整个产业合纵连横的复杂关系；如果这个老板能站在制高点，他会从这些复杂的关系里悟出大道至简的规律，并且研究、创新这些规律，这就是产业先驱的风骨了。

在过去，"中国制造"的传统创业者是基于存量思维的，简而言之就是从现在线性地思考未来，再将每年赚得的利润不断地重新投入生产再销售环节，有多少做多少，卖实在的产品，赚实在的差价。所以，这样的企业为了控制成本提高"差价"，要做的就是节约、节约再节约。

随着"中国制造"时期的衰退和"互联网+"的发展，如今的创业者们从一开始就学会了积极整合各种资源，缺什么找什么，寻找好商机，自己没钱也一样可以拉投资再生产。这是新时代创业者们的增量思维。

然而，当我们说到财富的时候，"财富"这个字眼是包含着"主动赚钱"的意思的。主动赚钱是什么意思？就是钱生钱。我们知道，这个世界上最会赚钱的人就是投资家，他们都是用钱生钱。所以，说到这里，比增量思维型企业更高一层的是复利型企业。复利型企业把企业资本化，自己成为投资家，大量投入"再生产"，从而实现增值，甚至是指数型增长。

> **故而，创业者的思维层次决定着企业的出路。**

对于一个企业来说，一切至关重要的决策首先都受限于思维层次，提高思维层次，能牵一发而动全身，带来具体的改进。

要提高实践层次，可以先提高思维层次。然后用这个高一层的思维层次去带动自己行为的改变。然后行为的改变又会给自己思维层次的再次提高提供平台。这样思维先行，循环往复，人生进入正向循环模式。

这也正是我们说的，以终为始，确定目标和梦想，从全局出发进行思考设计，这就是"先提高思维层次"；然后我们按照以终为始设计的路径步步为营，就会"提高实践层次"。如此思维先行，循环往复，企业进入正向循环模式。

当你像一个领袖那样思考的时候，自然就"会当凌绝顶，一览众山小"。

不同的人会有不同的思维，不同的思维会有不同的方法策略，不同的方法策略就会有不同的结果，如图 3-1 所示。对于企业来说，企业主是变不了的，能变的只有企业主的思维，思维变了，方法策略也就变了，结果也就不一样了。

图3-1 思维、策略、目的的关系

做大海，做游戏规则的制定者

还是回到我们最初的那个问题，你是要做河里的大鱼，还是做大海里的小鱼？是的，拥有领袖思维的你，既不做河里的大鱼，也不做大海里的小鱼，而是要做大海，制定新蓝海战略。

怎么做大海？我们用下象棋来解释。

下象棋时，下一步看一步的人是菜鸟，下一步看十步的人是高手，菜鸟肯定赢不了高手。更厉害的是下一步看二十步甚至三十步的人。作为一个棋手，你再厉害，对手也是永无止境的，要打破这个局面，你只有自己设计棋盘游戏，自己制定游戏规则，游戏怎么玩，你说了算。就像我们参加各种活动，举办方总会提前告知"活动解释权归本公司所有"，活动怎么玩，也是举办方说了算。

在一个王国里，国王是老大，没有谁敢动他，没有谁敢叫他做什么，除了理发师。也就是说，就算你是国王，在理发的时候，理发师叫你抬头你就得抬头，叫你低头你就得低头。因为你在理发，就得遵守理发师的规则，国王也不例外。

做大海，就是做游戏规则的制定者，做制定棋盘游戏规则的人。

我是规则的制定者，在规则之内，你就得听我的。这才是领袖姿态。

然而，实际上，在商业这盘棋里，大多数创业者都只是棋子。做棋子是最被动的，只能被市场形势推着走，没有主动优势。只有从思维上改变自己，才能改变企业的出路。

你是系统控制者、规则制定者、利益分配者。你建立了一整套自己的游戏规则，你就是这个行业里的 No.1。这个世界上所有的价值竞争都是规则的竞争。苹果公司制定了卖手机的新规则，它是全球手机行业和电信行业的巨头；Uber（优步）改变了打车出行的新规则，它也成了全球移动出行市场的巨头。

只要有好思路，鱼塘都可以卖鸡。

有一个老板挖了一个鱼塘，钓鱼费是一天 100 元，没钓到鱼的顾客每人可以免费得到一只鸡。于是很多人去了，回来都拎着一只鸡。后来，鱼塘的看门大爷说，这个老板本来就是养鸡专业户，鱼塘根本没有鱼。

我们都知道，鱼塘是用来钓鱼、卖鱼的。但是这个老板的鱼塘却不卖鱼，卖鸡！他是不是把鱼塘的游戏规则改写了？平时你去市场里买一只鸡用不到 100 元，你去那个鱼塘却用 100 元买了一只鸡，但是你心里也美滋滋的，好像自己占了便宜似的。你知道了真相，可能会感觉自己被欺骗了，但是你也没有办法，因为你在他的鱼塘"钓鱼"就要遵守他的鱼塘规则，"解释权归本鱼塘所有"。

2. 构建核心商业生态系统

现在已经不是单打独斗的时代，而是联盟的时代。过去是种树的学问，现在是把树移植到一起，变成森林。因此，我们也可以看到，未来的企业竞争，不再是一个企业和另一个企业的竞争，而是一个生态圈和另一个生态圈的竞争。成败与否，不单单取决于这个企业是否健康，还取决于企业所在生态圈的产业链是否健康。

从红点谋略的角度来看，产业链是各个环节中的专业团队打造的产业生态圈。

产业链的打造意味着不同企业之间的合作。那么，和谁合作？怎么合作？这是企业加入产业生态圈前必须先想清楚的问题。

和谁合作？和同频的人，有价值的人。所谓道不同不相为谋，只有志同道合之人才能一起成就梦想。

怎么合作？有两个原则：第一是考虑我有什么，第二是用我有的换我要的。你的企业必须具备有价值的资源，才能换回你想要的资源。

合纵：垂直价值链的上下游产业整合

这种合纵式产业生态圈的最大特点就是去中间化，没有供应商，没有生产商，没有代理商，没有分销商，没有中间商，整个生态圈整合了上下游所有的关联产业，也就是从设计、原料、加工、渠道直达终端用户的一条龙服务。

> 传递价值越来越便捷，你的企业必须在这样的生态价值链条中找到自己的位置。要么自己打造一条产业链，要么加入一个生态圈。

合纵式的产业生态圈是最常见的一种。

有一家生产猪饲料的上市企业 F 公司，在 2007 年上市后连续增发股票，筹集 1 亿多美元收购下游客户——养猪场。2009 年，它已收购了 40 多家养猪场，生猪销售带来超过 1 亿美元的收入，占总收入比例的 60%。三年间，F 公司的销售收入竟然增长了 20 倍。从 2006 年的 800 万美元，增长到 2009 年的 1.7 亿美元。

F 公司是如何做到如此迅速的收购呢？关键在于其收购方式，不仅现金投入不大，也降低了交易成本。F 公司收购的养猪场，固定资产仍归原企业主所有，屠宰和销售也维持原有渠道。实际上就是把重资产、轻资产分离了。F 公司实际上只是承包了养猪场，负责技术和财务。它与这些养猪场签订的是"生猪收购协议"和"租赁协议"。比如，F 公司买断了 M 公司所有生猪的经营权，并以每年 45 万元租赁其养猪场，协议期为 15 年。这种收购方式不仅降低了收购成本，也大大降低了收购时的谈判难度。

F 公司投资的养猪场中有 70% 是其饲料客户。被收购的养猪场必须采用 F 公司的饲料，被收购的 40 多家养猪场的总购买量超过 F 公司饲料总量的 40%，这些养猪场是 F 公司最大的买家。

F 公司的销售费用也在逐年降低，2006 年销售费用占总收入的比例高达 15%，在此后的 2007—2009 年，则依次为 7%、3% 和 2%。

产业链整合使 F 公司收入规模迅速扩大，也成为纳斯达克全球 30 只衡量农业股的基准股之一。

百丽集团也是利用合纵方式打造出一条完整的产业链，并成功上市的。

当时百丽集团在全国有 55 家核心经销商，它根据各经销商的销售业绩分股份，在百丽上市前，这些经销商就拿到了原始股，一旦上市，这些期权都可以兑现。所以，经销商的销量快速上涨。

同时，渠道和产能要双管齐下。销量上去了，产能也必须得跟上。于是，百丽再一次在股权上做文章，用股份购买兼并了十多家企业工厂。这些工厂被并购后还能打包上市，身价也倍增，何乐而不为呢？

就这样，百丽利用股权兼并的方式，从上游到下游，打造出了一条产业链，成功上市。

连横：水平价值链上竞争对手的整合

在同一个水平价值链上的企业，在整合之前，它们是竞争对手的关系。

一只狮子和一只野狼同时发现一只小鹿，于是商量好共同追捕那只小鹿。它们合作良好，当野狼把小鹿扑倒后，狮子便上前一口把小鹿咬死。但这时狮子起了贪念，不想和野狼分这只小鹿，于是想把野狼也咬死，可是野狼拼命抵抗，后来野狼虽然被狮子咬死，但狮子也受了很重的伤，无法享受美味。

所以，马云说："一定要争得你死我活的商战，是最愚蠢的。"你死我活或你活我死的单赢并不是人类社会的生存之道。

> 在社会上行走，你应该活用双赢的策略，追求你活我也活；在商业利益上，讲求有钱大家赚。

当今的商场老大们都深谙此道，所以，同行业之间并购整合的新闻频频见于报端，要么是老大联合老二老三，强强联合，大鱼吃小鱼，形成价值垄断；要么是老二老三联合吃老大，纷纷站队表立场，一个企业终究是干不过一个生态链的。

所以，先有优酷与土豆合并，后有滴滴收购 Uber 中国。

2016 年 8 月，滴滴收购 Uber 中国，老大收了老二，中国的专车市场就此形成垄断局面。在此之前，滴滴先是和快的杀红了眼，在 2015 年情人节的时候，滴滴和快的合并了。紧接着，滴滴和 Uber 中国继续大打价格战，比谁给的补贴多，比谁打车便宜，抢用户抢市场。

价格杠杆和补贴是影响用户留存度的重要因素。滴滴和 Uber 中国就像博弈论里的囚徒困境一样，势均力敌，双方并无占优策略，只能继续维持价格战的局面，不断烧钱。

然而，双方终于意识到打得你死我活没有意义，必须达成某种共识，才能形成双赢的局面。于是，从 2016 年年初开始，它们不断地降低补贴，并且在 8 月并购成为一家人。

先合并快的再收购 Uber 中国，滴滴一下升级为一个专车市场的生态圈，专车市场里的其他小虾小将，凭什么跟它打？就目前的趋势来看，滴滴无疑已成为专车行业的领袖。

由此也可以看出，连横，就是要站队，你得站到强手的那一队，要确保你的伙伴都是优质的。从来都是"不怕神一样的对手，只怕猪一样的队友"。

同理，你有选择队友的权利，别人也有选择队友的权利，你的企业不能成为猪一样的队友，要拥有你的绝对优势，别人才会选择你。

核心聚集：关联产业向一个核心点聚集

请看以下产业业态，你是否找得出它们之间的联系或规律？

卖冰激凌的"芭斯罗缤"冰激凌店 14 间，"K 咖啡厅"14 间，"三皇三家"复合式餐厅 4 间，"三皇三家"饮品店 14 间，"老天母"台湾卤味品牌店 27 间，"皇家御厨"特色餐厅 1 间等，共 101 家店。

以上这些都是同一家公司投资的餐饮店，总投资额 3 亿元。你是否觉得它就是一家普通的餐饮公司，品牌还很一般，也过于分散，无法集中，甚至互相冲突？你认为它能做得成功吗？

事实上，它成功了，而且非常成功。那么，它是如何做成功的？

以上这些过于分散的各种餐饮品牌和形态，你是否能找到它们的共同点？我们要从餐饮的特点来考虑。做餐饮最重要的是什么？是要有新鲜的食物供应链，这样才能保证餐饮的品质。那么，如何保证新鲜的食物供应链？冷冻。所以，这家企业就从这里找到了一个突破口——聚集冷链，如图 3-2 所示。这就是它成功的核心。

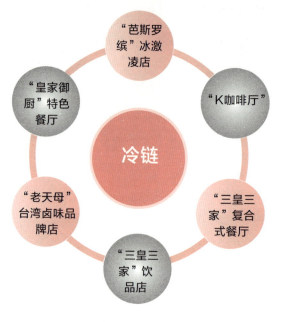

图 3-2 聚集冷链

这个餐饮公司最开始是肯德基的特许加盟商，肯德基的标准化运作少不了冷冻运输这一个环节，所以要做好肯德基，不仅要懂得选址、管理、经营，还要有很强的物流能力。这个能力就是"冷链"。

于是，这个餐饮公司把冷链的价值发挥到最大，一切与冷链有关的它都做，与冷链无关的它不做。然后，它围绕冷链核心，采取复合式开店的方式，创造集客效应，卖炸鸡的门外有卖卤鸡翅的，卖咖啡简餐的门外有卖高价冰激凌的。在冷链的物流配送体系中，配送冷冻炸鸡的车，可以同时配送冷冻鸡翅、卤味和冰激凌，共用物流，大大节省了成本。

所以，这是另一种创新形态的产业生态链，以一个核心优势为核心，聚集其他相关联的产业，达到生态圈的集群效应，大大节省成本，提高效益。

创新：打破传统生态模式

目标确定了，以什么方式到达很重要。虽然条条大道通罗马，但是如果可以选择，你为什么不走捷径呢？或者说，为什么不自己走出一条捷径呢？鲁迅告诉我们，这世上本没有路，走的人多了，也便成了路。我们要做的就是第一个走新路的人。

一个具有竞争力的产业生态圈通常是具有创新模式的，否则不可能持续发展。创新的模式在于你能否找到一个突破口，一旦撕开这个突破口，你就能拨云见日。

还是以苹果公司为例，它打破了以电信运营商为核心的传统电信生态系统。

苹果手机之所以能成功，根本原因在于其深刻认识到电信产业的生态，从生态的角度进行商业模式创新，从而达到在产业生态系统中占据主导，长期攫取高额利润的战略目的。

苹果通过与运营商合作销售，在各国选取唯一电信运营商进行合作。各国的运营商通过 iPhone 得到签约用户，iPhone 的部分数据服务由苹果公司提供，且该用户创造的传统电信收入要与苹果公司分成。基于这种运作模式，运营商和苹果公司各取所需，达到共赢，并且在很大程度上打破了传统的电信产业生态系统。

传统电信生态系统中，电信运营商占据了核心位置。原因在于，电信运营商与用户接触广泛且深入，内容提供商和终端制造商虽然也与用户接触，但深度有限，且与运营商存在制约和被制约关系。苹果公司作为终端生产商，在 iPhone 中整合了大量独立内容，如 iTunes（一款数字媒体播放应用程序）、Map（地图）、YouTube（视频网站）等，同时扮演着内容提供商角色，加深了与用户的接触，尽可能弱化电信运营商的制约作用。苹果公司与运营商签订排他性协议，然后共同宣布 iPhone 的购买者必须在一段时间内使用该运营商的网络，iPhone 同时通过 Apple 和运营商的渠道销售。在 iPhone 的合作中，苹果公司占据了强势地位。iPhone 突破传统的硬件销售思路，以生态占位为目标，从而拿到生态系统的主导控制权。

最后，我们要分阶段讲述一家甜品店的故事。

一家普通的甜品店要上市是不太可能的，但是经过专业梳理，打造产业链后，就变得值钱了。打造甜品店的产业链，就是要成立一个食尚控股集团，建渠道、创品牌，为顾客创造价值、解决问题，如图3-3所示。

图3-3 甜品店企业战略架构

甜品店的产业链，首先从甜品连锁店开始，设置中央厨房作为供应链，提供标准化产品，中央厨房可以高效率地将产品配送到各个连锁店。

这家甜品店的老板是做烘焙出身的，所以在中央厨房还可以加入烘焙生产线。在甜品店打包烘焙产品进行线上线下售卖，产生蝴蝶效应，这就实现了产业链上的零售和"互联网+"环节。

中央厨房作为一个供应链，以投入为主，但同时也是一个很好的烘焙培训资源。很多家庭主妇喜欢做烘焙，烘焙生产线可以发展烘焙培训的收入。同时，烘焙的原材料、器具等可以针对培训学员打包出售。这是产业链上的教育环节。

以上这些环节赚到钱后，要想在这个行业里当老大，那么，只要有同行做得好的，你就可以给这些竞争对手投钱，再并购重组，把他的变成你的。

【故事：哥伦布发现新大陆之后】

哥伦布发现美洲后，许多人认为哥伦布只不过是凑巧看到的，其他任何人只要有他的运气，都可以做到。

于是，在一个盛大的宴会上，一位贵族向他发难道："哥伦布先生，我们谁都知道，美洲就在那儿，你不过是凑巧先上去了呗！如果是我们去也会发现的。"面对责难，哥伦布不慌不乱，他灵机一动，拿起桌上的一个鸡蛋，对大家说："诸位先生女士们，你们谁能够把鸡蛋立在桌子上？请问你们谁能做到呢？"大家跃跃欲试，却一个个败下阵来。哥伦布微微一笑，拿起鸡蛋，在桌上轻轻一磕，就把鸡蛋立在那儿。哥伦布随后说："是的，就这么简单。发现美洲确实不难，就像立起这个鸡蛋一样容易。但是，诸位，在我没有立起它之前，你们谁又做到了呢？"

这个小故事给我们的启发是：创新从本质上是一种对新思想、新角度、新变化采取的欢迎态度，它也表现为看问题的新角度。很多时候，人们会说："这也算是创新吗？原来我也知道啊！"创新就这么简单，关键在于你敢不敢想，肯不肯做。

3. 人才谋略与平衡智慧

所谓事在人为，人的力量才是最强大的。所以，人才是企业里最值钱的，系统里的每一个人都至关重要。基层强则公司强，中层强则团队强，高层强则公司未来强。老板讲高度境界，中高层讲思想，普通员工讲技巧。

所以，如果企业是一架自动运转的机器，从基层到高层，每一个人都是配套的零件，缺一不可。

普通的企业招揽人才的方式是"招"人，高明的企业则是"吸引"人。"吸引"人才的关键在于，你是否能够用投资家的眼光去布局企业的人才谋略。

吸引人才：最佳利益 + 最低风险

所有投资家关注的核心都是利益和风险，用投资家的眼光去布局、吸引人才，就是从利益和风险的维度布局。

一个企业就是一个利益体，参与到其中的人员都是冲着利益来的，所以企业内部的结构要平衡，首先就得做到利益平衡。利益平衡的意思不是利益平均，而是你的顶层设计要满足每个参与方的最佳利益。说到底，你是靠你的顶层设计中能满足别人的最佳利益来领导别人。

你的企业愿景、价值观被认同，员工认为在你的平台工作能更好地成就自己的梦想，而不是你的梦想。只是恰好你们的方向是一致的，高度可能一样也可能不一样。这是他们选择的最符合自己最佳利益的行为。所以，你的格局有多大，梦想有多大，就能吸引多少人。或者反过来说，你想吸引多少人，你就得有多大的梦想和格局。

> 你的梦想和格局，就是你的愿景、顶层设计、框架，就是你能为多少人实现他们的自我价值。

马云说："员工离职只有两个原因：一是钱没到位，二是心里受委屈了。"心受委屈了，就是在这个平台上的梦想无法实现了，出现了不可逾越的障碍。也就是说，不管是钱还是梦想，你已经满足不了他的最佳利益了，他就会选择离开。

那么，抢银行的收益最高啊，你为什么不去干？因为风险太大，大到得不偿失。在投资家的眼里，所有投资收益也是看风险的，通常收益越高的项目往往风险也越大，但是只要风险可控，能够把风险降到最低，他就愿意干。

同理，每个人的心里都有一杆秤，他会衡量他所要承受的风险是否会让他的最佳利益得不偿失。做企业首先考虑的是如何保住本钱，你的合伙人也想保住本钱，你想安全，他也想安全。所以，留住人才，你还得思考如何规避或降低对方要承受的风险。

满足每一个参与方的最佳利益，并且把对方的风险降到最低，你才可以牢牢地凝聚每个人。

股权平衡利益

什么才是真正的爱和关心？给对方想要的，而不是给你想给的。同样，什么才是利益？给对方想要的，而不是给你想给的。那什么才是利益的平衡？给对方想要的，而你又给得起的。

创业团队的特点是钱少、事多。为了节省人力成本，并且把人力资源发挥到极限，创业公司老板会给创始团队分配股权，从而达到利益的平衡，以此激励人心，才能形成战斗力强大的创业团队。

那么，应该如何分配股权才能达到利益平衡呢？

可以采取**同比例稀释的原则**。

凡事有利有弊，股权分配给员工可以很好地吸引人才，但是，万一你的合作创始人在加入公司3周后就跑掉，7年后突然出现，声称他拥有你公司25%的股份，那你岂不是亏大了？

这时候，就要对分配下去的股份加以限制。

> 如何防止员工拿了股份后走人？
>
> (1) 任何人都必须在公司至少做满1年才可持有股份（包括合作创始人）。
>
> (2) 第一年分给所占股份的25%，接下来每个月落实2%。
>
> (3) 整个股份最好是4~5年完全落实完毕。

创业型公司还可以参照某互联网公司的劳动股份制。

该公司在创业阶段和发展阶段分别实行了"没钱"和"有钱"两个方案。

创业之初实行"没钱"方案，全员持有在职股。在职股不用进行工商注册，在企业中就按持有比例分红，离职就取消。该方案共实行了八年，给员工带来希望，有力地保证了公司的稳定发展。

之后，该公司引进风险投资，进行创业股改革，实行"有钱"方案。创业股需通过工商注册，可继承转让。此次创业股实股改革，使劳动股份制保持不变，团队和企业文化更加稳定，公司的发展势头更好。

两个方案详情如表3-1所示。

表 3-1　　　　　创业阶段和发展阶段劳动股份制方案对比

	创业期："没有钱就给希望"的方案	发展期："老板有钱分给员工"的方案
定量	利润的40%~50%用于分红 分红中的60%分给公司不持股的员工，股东分红不超过40%，任何人的分红不超过总额的10%	在职股分红继续保留 公司净资产2000万元，按每股1元计算，共2000万股。拿出15%~20%进行实股改革，以适应后面引入风险投资和上市
定类	均为在职股。不能转让，不能继承，离职则失效	均为实股。可参加公司分红总额中30%的实股分红，有条件地继承转让。100万元的利润，劳动分红70万元，30万元是实股分红；现在员工入了20%的实股，30万元的20%是6万元
定价	员工不出钱即可享有此权利，价格为零	每股1元，有条件地买一赠二
定人	全员劳动股份制，入职转正满一年以上员工	在公司工作转正3年以上的员工均可购买，分为四级
定时	从员工转正后开始算起	2个月内付款完成，过期不候
定变	当时他们没有在职股变为实股的变化	行权条件： ①股改后三年内离职，公司无条件原价收回 ②股改后三年后离职，公司无条件按3倍价格收回 ③公司上市之日起，实股转成上市公司股票，公司回收条件取消
定规	分红严格保密	实股主要按照职位定量，自愿认购，可少不可多，认购权不可转让，每人买多少必须严格保密

4. 让企业自动运转

从创业的那一刻开始，你有没有思考过这样一个问题：如果你离开公司三个月，到一个与世隔绝的小岛上度假，不带任何通信工具，你的公司还能活得下去吗？如果你的员工三个月找不到你，还能像平时一样正常工作吗？

如果答案是肯定的，那么你的公司就是能够自动运转的企业了。如果你的公司还要靠能人来维持，这样的公司时刻存在崩盘的危险。这也正是我们在红点谋略中所提到的，"商人模式"企业是没有自动运转能力的，投资家青睐的"战略家"企业则具备企业自动运转的能力。只有能够自动运转的公司才能健康地活下去。

所以，自动运转的企业才是好企业。我们站在企业之外，像投资家那样创建自己的专业团队，也是为了让企业能够自动运转。企业自动运转起来，老板才能解放出来。

经营企业之道，是为阴阳结合，张弛有度。一个企业有了阴柔的文化，再加上阳刚的机制，就能够让员工发自内心地跟随你进入一套执行系统，而这个系统既能够成就员工的事业和人生，又能解放老板的身心，让企业自动持续发展。

企业文化认同感

有句管理名言：明君诛心，昏君诛身。一位开明的管理者管理员工的心灵、思想，平庸的管理者则管理员工的身体、行为，所以企业精神管理或思想管理在整个管理体系当中相当重要。从"头"到"脚"，从上到下，从里到外。

精神管理三个板块

观念管理：我为什么而工作？

态度管理：我为谁而工作？

行为管理：我应该怎么做？

如果一个企业的文化不够美好，就吸引不了人；如果一个企业的文化不够真实，也骗不了人。一件事情很美好，才能持续，否则就会痛苦地坚持或提前结束。

所以，你把自己的格局和境界拉高，就会把你的员工和客户带到一种美好的向往中，一种幸福的通道中。在这个通道里，彼此因需要而存在，而产生依赖，最后不可替代。这是一个企业创建一个品牌真正应该追求的价值，也是一个企业家价值的体现。

行业洗牌，洗掉的不是品牌，不是员工，而是不合格的老板。

如果我们不能拥有成就别人的胸怀，也就无法被成就。当你把企业看成是自己一个人的，你一个人要围着所有员工转，而把企业当成大家的，所有员工会围着你转。你成就他们想要的东西，顺便也成就了自己。两种不一样的起心动念，会产生不一样的结果。

有智慧的家长，会用自己的爱和自由来成就孩子，有智慧的企业也会用爱和自由来成就员工。普通企业让员工给老板干，高级一点的企业让员工给自己干，厉害的企业是老板开公司建平台，帮助员工实现梦想，老板顺便实现自己的梦想。老板要发自内心地成就你的员工，而不是牺牲你的员工来成就一件事。

我们在前文说过，要把"招人"升华为"吸引人"。吸引的意思就是向员工销售你的企业。所以，你要像对待大客户一样对待你的员工。老板是公司的第一产品，员工就是公司的第一顾客。你只需把你的第一顾客照顾好了，员工就会把顾客照顾好，企业才能生生不息。

老板成就员工，员工成就企业。

作为一个老板，你的心中只能有两个人：员工和客户。用心服务好每一位客户，用爱成就每一位员工。最终你会发现，你的员工开始承担了，开始复制员工了；你的客户开始感恩了，开始复制客户了；你的核心团队形成了，你和客户成为朋友了。

创造利益共同体

这世界最可靠的不是关系，而是利益。关系再好，也可能有破裂的一天；但是一旦成了一根绳子上的蚂蚱，大家就会齐心协力。所以，想让企业自动运转起来，首先要创造利益共同体。

创造利益共同体，第一在于复制火车头，第二在于提高员工的主人翁意识。根据红点谋略，我们打造专业团队，就是为了复制火车头。老板不是火车头，而是创造火车头的人，复制火车头，就是创造企业的利益共同体。在红点谋略中，每个专业团队的领头红点就是老板复制的火车头。

增加员工的主人翁意识，员工就能够自动自发地工作，真正做到不是为公司干活，而是为自己干活。

如何创造利益共同体？利用股权激励。

> 股权对内是进行激励的，对外是进行融资的。
>
> 股权激励的股份总量不能超过10%。因为，按照法律，持股10%以上的股东，有去法院提请解散公司的请求权。

谁的贡献大谁分得多，这是一种激励，更是一种平衡。能力与收获得以平衡，企业的运转就更为快速有效。

创业期的华为曾遇到过很大的资金问题，一方面是由于市场拓展和规模扩大的需要，另一方面是由于大量的科研投入。钱不够，怎么办？20世纪90年代，由于民营企业的性质敏感，很难进行外部融资，于是华为就选择优先在公司内部融资。内部融资不但解决了资金问题，还一举两得，同时在华为内部收拢了人心，稳定了团队。

当时参股的价格为每股10元，以税后利润的15%作为股权分红。那时，华为员工的薪酬由工资、奖金和股票分红组成，这三部分数量几乎相当。其中股票在员工进入公司一年以后，依据员工的职位、季度绩效、任职资格状况等因素进行派发，一般用员工的年度奖金购买。如果新员工的年度奖金不够派发的股票额，公司会帮助员工获得银行贷款购买股权。

> 随着公司规模的扩大，华为有意识地稀释大股东的股权，扩大员工的持股范围和持股比例，增强员工对公司的责任感。

所以，华为虽然没有上市，但是它有6万多个股东。

其实，从企业的自动运转角度来看，华为这6万多名员工获得股份的方式是很有意思的，公司更看重个人态度。也就是说，给谁股份，是由公司人力资源部定的，但是，要不要股份，就看个人的工作态度了。华为内部有两种员工，劳动型员工和奋斗型员工。劳动型员工没有股份，严格按照劳动法办事，加班就付加班费，公事公办；奋斗型员工，也就是得到股份的员工，会自觉地加班加点，把公司的事业当成自己的事业来做，不计较个人得失。股权让这6万多名员工升华了，他们提高了主人翁意识，不再只是普通的打工一族。企业内部一半以上的员工有着"当家做主人"的念想，何愁不能自动运转？正因如此，华为才能在30年间保持着充沛的活力。

那么，这么多股权激励，最终企业到底分谁的钱？

通过增加人数，团队将蛋糕做大，分的是增值部分的钱！不是减少老板的利润分给员工，而是用明天的利润激励今天的员工，不是以增加企业的成本来挽留员工，而是用社会的财富激励自己的员工。星巴克就是用资本市场上面的钱作为激励，来降低劳动力成本的。这个钱不是公司给的，而是资本市场给的。

用量化的机制来运筹帷幄

然而，股权激励也不是任何时候都对员工有吸引力。如果员工对企业的管理水平并不满意或者对企业前景感到悲观，股权激励对员工来说更像一种风险。所以企业应该持续改进自己的管理水平，在盈利和发展都可观的时候，及时进行股权激励，让员工共担风险也共享利润，提升企业的战斗力，实现跳跃式发展。

这个时候，就需要用量化的机制来统筹管理。量化是什么？是看得见的数字或标准。

> 一个合理的机制很重要。在一个企业里，合理的机制可以让优秀者富起来，让普通者动起来，让落后者慌起来。

在古代中国，抢劫又杀人的处凌迟，其他抢劫则只处徒刑。由于这个区别，在中国，抢劫的不常杀人；但在古代俄国，抢劫和杀人的惩罚都是死刑，抢劫者经常杀人，因为只有死人才不会指控一个人犯抢劫罪。不合理的制度，使企业执行力越强，倒闭得越快。

（1）标准化的量化。

好的机制，可以把笨人变聪明，把懒人变勤快。标准化就是这样一种机制，美国经济学家泰勒最先提出企业管理标准化。后来福特汽车第一个采用了这种标准化。当时汽车很贵，福特的目标就是把汽车的价格降到美国中产阶级都能买得起的程度。于是全部零件组装都标准化。标准化之后，美国汽车价格大幅下降，全美国人都买得起汽车了。标准化的流水线让工人的工作时间变短了，效率提高了，工资也提高了，福特汽车工人工资是美国当时工人工资标准的三倍。

因为标准化，麦当劳成为全世界最大的餐厅。如果依赖于厨师，一旦厨师不到位，餐厅就会面临困境。同样，家族企业的老大一旦不在位，企业也要完蛋。所以，上市、标准化成为企业可持续发展的必要因素。

那么，我们再回到甜品店的故事。在前文我们已经为甜品店的上市做了一系列的顶层设计，成立了食尚控股集团。作为供应链的中央厨房要为甜品连锁店提供标准化产品。现阶段是要设计它的标准化。假设，这个食尚控股集团以上市 IPO（Initial Public Offerings，即首次公开募股）100 亿元为目标，我们应该如何以终为始，倒推出食尚控股集团的标准化设计呢，如图 3-4 所示。

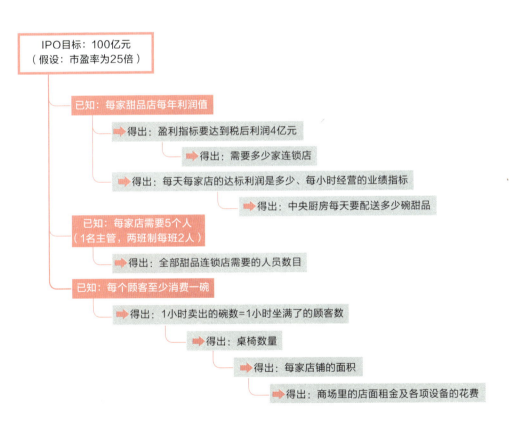

图3-4　甜品店标准化设计的倒推流程图

以 IPO 100 亿元为目标，可以分阶段地设计企业的盈利指标，若 IPO 时市盈率为 25 倍，要达到 100 亿元估值，则其盈利指标要达到税后利润 4 亿元。按每家甜品店每年利润值，可推算出需要多少家连锁店。因每家甜品店每年的利润值是可知的，我们可以推算出每天每家店的达标利润是多少、每小时经营的业绩指标是多少。

那么，这些店在哪里开？开多大面积，投多少钱呢？假设每个顾客至少消费一碗，1 小时卖出多少碗，就相当于 1 小时坐满了多少顾客。所以，知道有多少顾客，我们就可以配桌椅了。知道桌椅的数量，也就能推算出需要多大的店面来经营。商场里的店面租金以及各项设备的花费是可知的，联系以上数据，一算便知。

那么，这么多连锁店要配多少人？每个店一个主管，两班制，每班两个人，所以每家店需要 5 个人。全部甜品连锁店需要的人员数据也就能算出来了。于是，人才计划有了，培训、标准化，一目了然。

最后，按照每天要达到的利润值，还可以再推算出中央厨房每天要配送多少碗甜品。

整个食尚集团甜品连锁店的标准化操作，就清晰地梳理出来了。因为标准化可以量化，可以算出来。以终为始，如此一倒推，思路便清晰起来。

（2）薪酬的量化。

如果你公司的薪酬体系不能让员工有状态、往前冲，那么你的薪酬体系就该被废弃了。

要达到激励的目的，就要设立有差别的薪酬体系，也就是要让一部分员工先富起来。如果员工看到短时期内有人先富起来，他就会觉得自己也有机会。所以这个薪酬落差一定要足够大。就比如彩票，如果把 500 万元大奖变成 1 万个 500 元大奖，彩票还能运行下去吗？换句话说，如果一个老板，在他的身边十年二十年没有一群人富起来，他怎么在江湖交代？员工来公司不是来欣赏老板的、也不是来欣赏团队的，他们是来获得薪酬的。

同时，企业在对员工的绩效考核上可以采取定期考察、实时更新员工工资的措施，这样员工就不需要担心自己的努力没有被管理层发现，只要努力工作就行。

员工只拿正常的工资做正常的事，要想员工超常规付出，就必须要有超常规的回报。如果老板只给一点奖金，大家就再也不拼命干了。

所以，分红是必需的，全体人员每个人都要有分红。这是人性决定的，人人都需要分红。你知道对一个洗菜工来说，一个月分红 10 块钱意味着什么吗？

> 分红的本质是让大家用潜能向市场要财富，而不是老板多给财富。比如，一个餐厅单月产值从来没有超过 100 万元，当超过 100 万元时，超过部分的 30% 就可以拿来给大家按系数比例分红。

（3）制定人力管理的晋升机制。

在企业的自动运转体系里，要尽可能地调动员工的主观能动性。对于员工而言，他们更在意自己在这个平台有多大的发展空间，这意味着是否能升职加薪，更意味着是否与自己的梦想又接近了一步。所以，人力管理在晋升机制这一方面必须要做足文章。

对于大多数企业而言，晋升通道都包含了技术和管理两个领域。一个人往往不能同时成为管理人才和技术专业人才，但是这两个职位工资待遇的差别，会直接影响员工的努力程度。

那么该如何解决这一问题呢？某知名科技企业为此专门设计了任职资格双向晋升通道。

新员工首先从基层业务人员做起，然后上升为骨干，员工可以根据自己的喜好，选择管理人员或者技术专家作为自己未来的职业发展道路。在达到高级职称之前，基层管理者和核心骨干之间，中层管理者与专家之间的工资相同，同时两个职位还可以相互转换。而到了高级管理者和资深专家的职位时，管理者的职位和专家的职位不能改变，管理者的发展方向是职业经理人，而资深专家的职业是专业技术人员。

这样的双向晋升通道考虑到员工个人的发展偏好，给予了员工更多的选择机会，同时将技术职能和管理职能平等考虑，帮助员工成长，让他们一步步接近自己的梦想。在这样的机制环境下，员工积极努力，企业自然会自动运转起来。

当然，企业的自动运转体系不是一成不变的。所有企业在发展进入瓶颈期的时候，就要调整方向，建立新系统，然后持续落地执行新系统。所以经营企业就是定一个方向、建一个系统、持续执行；当系统僵化时，我们要与时俱进，再定一个方向、建一个系统、持续执行，以此循环，生生不息！

第四章

聚焦与发展

点石成金

Do one thing at a time, and do your best.
一次只做一件事，做到最好！

1. 聚焦的能量

我们小时候都玩过一个游戏，只要用透镜把一小束太阳光长时间地聚焦到一点上，即使在最寒冷的冬天也能把柴火点燃。然而，太阳普照大地，却不能点燃地上的柴火。这就是聚焦的能量。

最弱小的人，只要集中力量于一点，也能得到好的结果，相反，最强大的人，如果把力量分散在许多方面，也会一事无成。小小的水珠，持之以恒，也能将最坚硬的岩石穿透；相反，湍流呼啸而过，却了无踪迹。万钧雷霆敌不过瞬间爆发的一道闪电。

很多人、很多企业最常犯的错误就是没有把自己的精力集中用在一个点上。他们总是兴趣广泛，爱好众多，贪心不足，站在这山望那山高，朝三暮四，浅尝辄止，不停地挖井，却一辈子喝不到水。

很多才华横溢的人，会的事情太多，所以什么都干，到头来什么都没干成，就是因为没有将精力聚焦到一个点上。很多企业多头出击，分散投资，战线拉得太长，触角伸得太多，没有在自己的核心竞争力上使劲，结果企业大而弱，不堪一击，最后就全军覆没了。

这个世界是能量守恒的世界，你出击的点越多，力量就越分散，你不可能做到在每个点上都使出你的浑身解数。而当你所有的点上都有大量的对手只在这一个点上使劲时，你使出那点儿被分散的力量，能赢吗？

阳光卫视的杨澜知名度很高，但是阳光卫视陷入了困境。为什么？因为阳光卫视什么人都采访，体育明星、政治明星、商业明星、学术明星，没有聚焦，就没有固定的观众群。但是同类访谈节目《非常静距离》却做得很成功。该节目主持人李静的名气不如杨澜，可是这个节目只采访娱乐明星，结果不同凡响。

在20世纪80年代很长一段时间内，通用汽车的产品线包含了低、中、高端三个档次的汽车，低端汽车和高端汽车的市场都面临着严峻的市场竞争。在这种情况下，通用汽车却不是把焦点放在竞争较低的中端市场，而是为了节省资源来保持利润，竟然使用同一个车模来生产不同品牌的轿车。这使得通用所有档次的汽车看起来都差不多，让人傻傻分不清楚。本来可以聚集取胜的中端市场也被严重削弱。

不管是个人还是企业，如果将所有精力集中在一件事情上，往往能取得意想不到的成绩。最大的聚集往往就是最大的成功。

最大的聚集是什么？就是让消费者心里对这个产品只有一个概念、一个印象。比如，说到可乐，大家都会想到可口可乐和百事可乐；说到烤鸭，大家会想到全聚德；说到电脑操作系统，大家会想到微软；说到网购，大家会想到淘宝和京东……

反而，那些想要多元化发展的品牌，几乎都无疾而终。比如，曾经称霸中国空调界的春兰空调，先后进军冰箱、洗衣机、摩托车、房地产、机械制造、商业贸易等各个领域，结果以惨败告终，不仅拓展的领域没做好，还严重拖了空调的后腿；巨人集团也因追求多元化而导致财务危机……

不要被身边无关联的商业所吸引，缩小经营范围会使你更强大，而追逐所有目标却会使你一事无成。企业经营的关键在于将精力集中。多便是少，少便是多。产品越多，市场越大，阵线越长，赚的钱反而越少。

聚焦就是我们倡导的"大道至简"，很多时候我们不是想得少，而是想得太多了。人的精力是有限的，受干扰多则精力分散，无法聚焦，就失去了能量，达不到结果。

【故事：莫泊桑与福楼拜】

法国作家莫泊桑小时候曾在福楼拜面前自信地说："我上午用两个小时读书写

作，用另两个小时弹钢琴，下午则用一个小时向邻居学习修理汽车，用三个小时练习踢足球，晚上，我会去烧烤店学习怎样制作烧鹅，星期天则去乡下种菜。"说完后一脸得意。

福楼拜听后笑了笑说："我每天上午用四个小时读书写作，下午用四个小时读书写作，晚上，我还会用四个小时读书写作。"

福楼拜接着问："你究竟有什么特长，比如有哪样事情你做得特别好？"这下，莫泊桑答不上来了。于是他便问福楼拜："那么，您的特长又是什么呢？"福楼拜说："写作。"原来特长便是专注地做好一件事情。于是，莫泊桑下决心拜福楼拜为文学导师，一心一意地读书写作，最终取得了丰硕的成果。

专注于一件事，看似简单，其实是对毅力与恒心的考量。成功学上有个著名的"两万小时理论"，即"经过两万小时锻炼，任何人都能从平凡变成卓越"。可以想象，两万小时的锻炼是怎样的漫长、枯燥、无趣，甚至绝望。但是，如果以责任、兴趣为动力，把这两万小时分解到活着的每一天，也只要每天半小时、一小时而已。凡人皆能做到，成功并非遥不可及。

2. 放下与情怀

聚焦意味着放下。得失往往是辩证的，有所失才能有所得。成功往往在于选择，而选择意味着放弃。

很多企业资产不大，可摊子却铺得很大，拿出名片来或在简介中职务一大堆，公司一大堆，有几十家公司，甚至几百家公司，横跨多个领域，产品更是多得不得了，这样的企业却往往没有钱。因为它们看看这也能赚钱，看看那似乎也能赚钱，看看张三干这发了，看看李四干那也发了，于是自己坐不住了，耐不住寂寞，觉得自己什么事都能干，什么事都想干，什么钱都想赚。到头来竹篮打水一场空。

贪心不足蛇吞象，这些企业之所以失败，原因就在于心太贪，舍不得放下。

今天，各行各业的竞争都非常激烈，一家企业若想获得成功，就必须先学会放下。果断地放下与你的目标、你的愿景无关联的事物。

> 正所谓有舍才有得，放下，才意味着收获。因为只有放下了，你才能做到聚焦，聚焦才能将所有的精力集中到一个点上，才能取得惊人的效果。

就企业经营而言，"放下"意味着两个层面：首先要放下各种热点行业或项目，其次是放下多余的目标市场。

放下各种热点行业或项目

很多企业没有自己的定力，不断地追寻热点——热门的行业、热门的项目、热门的生财之道等，市场出现什么新的赚钱机会，都要进去试一把，结果把企业的战线拉得很长，摊子铺得很大，到头来企业不赚钱，反而倒欠一屁股债。

企业面临的难题不是能否寻找到商机，而是能否在令人眼花缭乱的商机面前对机会，尤其是难得一遇的机会说"不"。创业者必须明白这样一个道理：干什么都赚钱，干什么都不赚钱，干什么都有赚钱的，干什么都有赔钱的，关键看你适合干什么。

巨人集团曾经以电脑高科技闻名，在房地产火热时，巨人集团进入了房地产行业，后来又涉及医药保健品领域，想成为世界华人首富，结果全军覆没，从巅峰掉到谷底，倒欠 3 亿多元，成了"首负"。

春兰曾经是中国空调业的第一品牌，后来贪心不足蛇吞象，什么热门它就做什么，横跨家电、能源、汽车、摩托车、文化传媒等众多领域，今天，春兰空调早已从第一的位置上走下来了，春兰上市公司巨额的利润下滑也已逼近证监会的底线。

四通公司曾经是中国 IT（互联网技术）业的著名品牌，后来也是什么都干：激光排版、"金税工程"、医药、保健品、卫星通信、传媒、互联网、金融等，结果被专注于 IT 业的联想远远地超越了，成了一个谁都知道但谁都不知道是干什么的公司，早已黯然退出人们的视野。

> 如果你试图追随市场的每一个潮流与风头，你注定要被淘汰出局。

保持永久地位的最好方法是一开始就不要改变它。保持初衷，以不变应万变才是上上之策。

放下多余的目标市场

目标市场意味着你产品的去处，它们会到哪些消费者的手里。有什么样的产品就有什么样的消费者市场。

很多企业有多种多样的产品，琳琅满目，以为这样可以适应不同人群的需要，能够占领更大的市场。有些企业往往产品还没上市，有的甚至投资还没有着落，就已经准备好了系列产品，准备一股脑儿推向市场。

有一家新开办的食品企业，投资几千万元。从一开始就生产了很多产品，奶制品、饮料，具有保健功能的、美容功能的，多达几十种。产品种类多得连这家企业的市场总监和老板自己都说不全，消费者能记住吗？消费者记不住，它们在市场上能有好的表现吗？果不其然，这家企业的几千万元投资几乎全部用在建厂房、买设备和生产新产品上了，市场营销既没有了相应的投入力度，也毫无起色，产品根本卖不出去，派往全国各地的营销人员白白地浪费了企业的营销费用，企业经营处于停顿状态。

这些企业这样做的目的往往是为了占领更大的市场，但它们却误解了"更大的市场"。

> 更大的市场不在于"广"，而在于"深"。深耕市场更重要。只有聚焦才能深耕。

很多企业在设计产品时，常常想，这个行业、这种产品要能够适应广大的消费人群，总想将自己的产品卖给所有的人。想要谁都讨好，往往谁都讨好不了，谁都不买你的账，更大的网并不意味着可以捕捉更多的消费者，很多事实证明恰恰相反。有太多目标市场，你的产品就会没有特色、没有优势。只有当你聚焦于一个特定的目标市场时，产品的定位才清晰起来。

尽管可乐人人都可以喝，但百事可乐并没有将目标客户定为所有的人，恰恰相反，它缩小了目标市场的范围，将目标客户定为青少年，即"年青一代的选择"，放下了除青少年之外的所有市场，从而取得了与可口可乐平起平坐的成功。

万宝路也不是靠扩大其目标市场的范围而成为世界第一品牌的。很多香烟都把市场目标扩大到女人身上，但万宝路却反其道而行之，只集中面向男人中的男人——牛仔。定位于牛仔，消费面不是太窄了吗？现在还有几个牛仔？万宝路放下了"女人"这个目标市场，甚至也放下了"大部分男人"这个目标市场，但是，万宝路却成了世界上销量最大的香烟品牌，在男人和女人中都是销量最大的。

你的目标市场是针对于产品定位和营销目标来说的，实际上并不一定就等于你的市场。也就是说，你进行市场营销的表面目标与将要购买你产品的人并不是一码事。尽管百事可乐的营销目标是青少年，但其市场却包括所有人，一个50岁的人也有跟年轻人一样的选择。万宝路的营销目标是牛仔，但其市场也是所有的人。牛仔所表达的粗犷、强壮的男子汉形象不仅在男人中很有市场，在女人中也很有市场。

所以，放下，其实可以获得更高的收益。

3. 目标聚焦才能燃烧

目标有聚焦作用。明确自己的目标后，心灵便会自然地把能量引向目标的方向，如果没有目标，能量就会分散、虚耗。拥有明确的目标，并以目标为核心去生活，我们就不会迷失自己。当我们知道自己的挑战是什么，自己的追求是什么的时候，人生也会变得非常有乐趣，非常有激情。我们以目标为挑战，安排自己的工作和生活，这样，我们也就有了人生的目的，人生也顿时变得充实起来。

> 目标的设立是为了聚焦能量，从而产生行动力并激发潜能，并且使我们的行动更有意义。

目标变成了一种行动的指引，变成了生命的核心，在正面能量聚焦的指引下，我们所有的行动都将围绕目标展开。聚焦的作用是强大的，我们就要通过目标的引导产生透镜的效果，将聚焦点燃烧起来，这样我们的能量就有了方向，我们的行动、我们的状态和我们的生命就都有了方向。有了目标，有了正面能量的聚焦作用，我们才会以极强的行动力实现目标。

我们在红点谋略里提到，投资家更青睐"战略家"型的企业，也就是战略导向型企业。这类企业一旦确定愿景，就咬定青山不放松，专注于自己的核心业务，心无杂念地坚持做下去，并力求做到最好。

与战略导向型企业相对的是机会导向型企业，这类企业善于也乐于多元化，在任何行业有任何好的机会都不愿放过，也就是我们在上文提到的那么多不聚焦的企业。

就企业的长久发展和品牌建立而言，战略导向型企业往往更具竞争力，机会导向型企业则会在一次次转变航向中陷入管理、人力和资金的困局，品牌力也会因为企业业务不够聚焦而逐渐被稀释。

战略导向型企业就是聚焦的企业。要成为战略导向型企业，就必须有明确、清晰的愿景。明确、清晰的愿景是基于你的终极目标之上的。

所以，说到这里，你是否能再次确认自己的终极目标是什么呢？我们需要对自己做个总结，重新厘清生命的方向，或者想查看一下当前目标的完成情况时，就可以进入目标档案，这样对于自我检查、自我反思特别方便，不形成书面，我们很有可能就把一些目标给遗忘掉了，检查起来也无从下手。所以，不进入书面将目标写下来，一切都将毫无章法，混乱不堪，效率极其低下。

我们身边有很多创业者，一下子想做这个，一下子想干那个，什么都想做，结果什么都做不成。创业者的这种心态，要么是因为贪心，要么是只为创业而创业。其实，归根结底，还是因为他们没有确认自己的终极目标是什么，或者是对自己的终极目标态度不坚定。有明晰的目标，才能把所有的能量都聚焦在"自己真正想要的东西"上，才能使企业明晰核心业务，并且长期坚持。这样才能让企业在所处行业建立起难以逾越的门槛，阻挡后来的竞争者。德国一家生产订书钉的家族企业，一百多年来专注于自己这并不起眼的产品，然而今日，它已占据了该行业在全球 70% 的市场份额。

正如西方人常说的："让上帝的归上帝，让恺撒的归恺撒。"

确定目标是我们追求成功，追求有意义的、快乐的人生所必须做的一件事。我们必须要有我们的人生目标，没有目标，生活就像在走夜路，迷茫一片。我们将在正面能量聚焦的作用下，爆发出巨大的潜能和强大的执行力，聚焦的作用是强大的，我们要通过目标的引导来产生透镜的效果，将聚焦点燃烧起来！

4. 让企业可持续发展

现今在企业创业发展的历程中，有四种创业成长生态趋势，如图 4-1 所示。

第一种是从始至终专一到底，坚持做到聚焦。

第二种是一开始什么都做，机会导向型，随后该砍的砍、该弃的弃，慢慢往一个点上聚焦。

第三种也是从始至终专一到底，却不是做聚焦，而是走多元化道路。

第四种是刚开始时做到聚焦，后来经不住市场诱惑，慢慢变成了机会导向型企业。

图4-1 四种创业成长生态趋势图

我们不能下定论，哪一种企业一定成功，或者哪一种企业一定失败，毕竟一个企业的成败是受很多因素影响的。但是，从总的商业发展路线来看，我们还是可以看出一些趋势的。一般来说，就目前的创业环境来讲，前两种企业成功的概率要比后两种企业的大。也就是说，前两种企业更具备可持续发展的能力。

可持续发展的企业才是好企业，资本就喜欢这样的企业。

第一种企业的可持续发展能力最强。 在现阶段竞争越来越激烈的创业环境中，只有一开始就走聚焦路线才能获得成功。

"三只松鼠"创立于 2012 年，聚焦于电商和坚果食品，目前已是中国销售规模最大的食品电商企业。电商是它唯一的销售模式，坚果是它的聚焦产品，利用 B2C（Business-to-Customer，即商家对顾客）平台实行线上销售。由此，"三只松鼠"迅速开创了一个以坚果产品的快速、新鲜为诉求的新型食品零售模式，缩短了商家与顾客的距离，确保让顾客享受到新鲜、完美的食品。2012 年"双十一"当天，"三只松鼠"的销售额在淘宝天猫坚果行业跃居第一名，日销售额近 800 万元。其发展速度之快也创造了中国电商历史上的一个奇迹。"三只松鼠"2013 年销量突破 3 亿元。由于聚焦给力，"三只松鼠"品牌一经推出，就立刻受到风险投资的青睐，先后获得 IDG（International Data Group，即美国国际数据集团）的 150 万美元 A 轮天使投资和今日资本的 600 万美元 B 轮投资。2015 年，"三只松鼠"获得峰瑞资本 3 亿元投资。

第二种企业在改造聚焦之后具备更强的可持续发展能力。 如果你的企业还没聚焦，现在行动也许还来得及。

改造聚焦成功的例子，有著名的"万科减法"。"万科减法"让万科从多元化收缩到专业住宅地产，成为中国最大的专业住宅开发企业。

"万科减法"起源于 1993 年万科在香港发行了 B 股股票后基金经理们给予的一次深刻教育。

由多元化起步的万科到 1991 年年底，其业务已包括进出口、零售、房地产、投资、影视、广告、饮料、印刷、机械加工、电气工程等 13 大类。万科对于自己有 13 个行业而且每个行业都赚钱甚是得意。然而，B 股买家，也就是投资基金，它们训练有素的基金经理们并不以为然。

他们提的第一个问题是："万科的主业是什么？"道理很简单，在当时，如果买康佳，买的是中国的彩电业；如果买飞亚达，买的是中国的钟表业。而万科，我要买你的什么？

万科有一项电子分色业务，其规模在国内同行业极大，做到了一年的利润为1000万元。一个小业务能做得这么大，万科也十分得意。然而，经理们还是不予考虑。因为基数太少，即使增长再快，总量也不会很大。投资基金要投资的是万科，而不是投资万科的某一个项目。

经理们说："多元化是我们基金搞的，不是你万科该搞的。你这样做风险最大，因为哪个行业你都站不住脚。"

此后不久，万科提出了以房地产为主业的发展方向，开始做"减法"。先是关停或转让了财务公司、怡宝、扬声器、万佳超市等业务，于2002年彻底结束转型调整，进入专业化的新一轮发展。仅就房地产行业而言，万科的产品线也从写字楼、酒店、商场、保税仓等全面收缩到住宅。在1995年第一次房地产宏观调控之后，王石顶住质疑，将遍地开花的万科收缩至深、沪、京、津四大城市，将重点放在深圳。1993年万科房地产业务中写字楼和住宅的比例是75%：25%，到1997年这个比例就反过来了。

聚焦住宅地产之后，万科把精力放在了精细化、标准化、产业化这三个方面。2005年，在诸多房地产企业通过多产品类型扩张的方式规避风险时，万科又果断剥离了自己的销售公司，与专业房地产销售代理公司合作。当万科成为专业化地产企业老大时，许多人已经淡忘，万科曾经是一家以电器贸易起家的多元化公司。

王石说："表面上看，万科是在做减法；实际上，万科是在积蓄力量，准备下一步做更大的加法！"

万科越做越简单，却并没有越做越小，反而具备越来越强的可持续发展能力，成了房地产中的老大。这就是聚焦的力量。

聚焦就是专业化，专业化才能让企业可持续发展。

不少百货商场的经营状况都不尽如人意，没有特色，难聚人气，已成行业顽疾。客观上来说，电商网购对传统百货造成了很大冲击，但就主观原因来说，却是因为传统百货"大而全""千店一面"，使得顾客"进一店而知千店"，达不到吸引顾客注意的目的。而聚焦的专卖店却不一样，它并不会受到电商网购的太大影响，因为这样的专业店早已打通了线上线下的渠道。所以，谁的经营焦点越集中，谁就是赢家。

西尔斯百货曾是美国最大、盈利最多的零售商，但这个具有132年历史的公司麻烦不断：西尔斯控股从2013年的第262名暴跌至2015年的第322名，甚至其股价都已经达到近10年的最低点，跌幅超过六成。

聚焦低端的沃尔玛利润非常大，聚焦高端精品百货的诺斯通、萨克斯第五大道、塔吉特也发展迅速。而既做高端又做低端的凯玛特却破产了。西尔斯也濒临破产。西尔斯百货应该怎么走？应该缩小焦点，成为专家。要么聚焦高端，要么聚焦低端。

同样是零食业，与百货公司的没落相比，连锁行业却蓬勃发展。

过去，我们买电视机就到百货公司，但今天，大家基本上会去国美、苏宁买电器；过去，你买面包去杂货店，但今天，你只去圣安娜、美心西饼这样的面包连锁店。

> **连锁行业最大的成功就是做到了最大的聚焦。**

连锁行业聚焦在一个品类上，然后广泛进货，形成规模经济。形成规模经济以后，就能够廉价买进，又廉价卖出，并可以取得商品类别主导权，从而超越竞争对手。如果不聚焦，想要连锁几乎不可能。

几乎所有的零食类别都已是全国性连锁商品的天下，包括速食、便利商店、饭店旅馆、药房、鞋店、宠物店、书店、办公用品、计算机、家庭用品、五金、音乐、租车、服饰等，都有了专业化的连锁店。就连会计事务所、广告、证券经纪、不动产交易、眼镜行、法律事务所和诊所，都无不在向专业化发展。这就是聚焦的能量，也是企业可持续发展的根本。

如果希望加快成长速度，就应该紧缩产品线，减少你的产品种类。有时候，多就是少，少就是多。如果你希望高速成长，就必须凝聚你的经营焦点，也就是你贩卖的产品范围要比竞争对手更加集中。

比如，一般圣诞节前，百货公司可能会进3000种左右的玩具，但是玩具反斗城每周进货类别则在18000种左右。这是玩具反斗城能够占1/5玩具市场的原因之一。

又比如，Bed Bath & Beyond（美国最大的出售高品质床上用品和家庭用品的连锁商店）聚焦在床上用品上。它提供了3万种不同的商品选择，但价钱只有百货公司的6~8成，该公司的年营业额每年增长30%。

广泛进货是一种重要的概念，但在实施这个步骤之前，必须要先凝聚企业的经营焦点，这样才能产生广泛进货的结果。如果焦点过于广泛，就无法做到广泛进货。

即使一家百货公司的规模再大，也处理不了18000种玩具，以及3万多种床上用品。

周大福聚焦于黄金首饰，广泛进货，全国连锁；每克拉美聚焦于钻石，广泛进货，靠价格取胜；"一伍一拾"聚焦于5元、10元商品，年收入近亿元；美国赛百味聚焦于三明治，全球连锁，成为美国连锁行业第一名，销售额超过了麦当劳。

第三部分

资产裂变

　　你知道谁是世界上最会赚钱的人吗？答案是投资家。

　　你知道他们的起点是什么吗？是企业。那么你的起点是什么？是企业。也就是说，大家的起点是一样的。

　　为什么起点相同，结果却不一样？

　　因为你的企业靠市场运作赚的是差价，在做加法；而投资家的企业却是靠资本运作来赚钱，在做乘法。企业经营要两条腿走路，一条腿是市场运作，另一条腿是资本运作。只有进入资本市场，企业才能产生价值裂变。并且，在资本市场实现价值变现后，你会拥有更多的资源和人才把事业做得更大。

　　所以，你创业的目标和方向应该以能获取资本、符合上市标准为基本出发点，从全局出发，以终为始，倒推设计。

第五章

市值与绩效

点石成金

Logic will get you from A to B. Imagination will take you everywhere.

—Albert Einstein

逻辑能把你从A点带到B点，想象力能把你带到任何地方。

——艾伯特·爱因斯坦

1. 市值与绩效指标

处在同样的行业和盈利水平的不同公司，为什么市值会相差 10 倍？为什么有的上市公司增发、再融资轻而易举，有的却困难重重？为什么有的公司善用股权激励、减持套现、增持、回购等方式加速财富增长，有的却不会？

这些都是市值管理的内容。系统和战略性地理解和把握市值管理，就能更好地管理企业。

做好市值管理的几个好处

市值是企业在获取资本时，自身最重要的金融资源。市值不仅关系着股东的财富价值，也影响着企业今后发展的融资成本以及风险抵御能力。上市公司与非上市公司最大的区别在于，除了两者都可以从事的产品经营外，上市公司在资本经营层面有着额外的优势，而这一切往往又都取决于市值。

所以，市值管理做得好坏与否，直接关系着市值的高低和公司的价值。市值管理就是使价值创造最大化、价值实现最优化，最终实现股东价值最大化。

> 市值管理是上市公司基于公司市值信号，综合运用多种科学、合规的价值经营方式和手段，以达到公司价值创造最大化、价值实现最

优化的一种战略管理行为。

市值管理的三个内容：

(1) 价值创造——市值管理的基础。

(2) 价值经营——市值管理的关键。

(3) 价值实现——市值管理的目的。

因此，做好市值管理的好处是显而易见的，主要有以下几个方面。

一是降低公司的融资成本。

市值越高意味着公司发展得越好，投资者就越愿意以较高的价格认购较少的股份，所以，市值表现良好的公司在进行股权融资时便可以用较低的股本扩张数量获得较多的增量资本金，其股权融资能力相对较强，融资条件更为宽松，融资成本便更低，融资渠道就更多。

二是提高公司的竞争优势。

放眼国际，成熟市场上，市值是衡量上市公司实力大小的重要标杆，反映了企业的综合素质。所以，高市值意味着公司的基本面受到投资者的认同，公司的知名度能够随之提高，公司产品经营时的谈判地位和议价能力增强，从而有利于提高公司营销能力和产品的市场竞争优势。

三是增强公司的收购与反收购能力。

随着市场化程度的提高，股票支付功能进一步增强，市值规模越大的公司客观上并购其他公司、进行产业整合的能力就越强，被别的公司并购的门槛就越高，同时，反向收购的能力就越强。

四是改善公司管理层激励约束机制。

市值管理将高管个人利益、公司利益与中小投资者利益有效结合，增强管理层持续关注股价、有效管理市值的积极性和主动性，让管理层更加注重公司价值创造、股价提升和长远发展，以实现股东利益最大化。

五是提升投资者对未来投资收益增长预期的正确性。

由于信息不对称性的存在，股票投资者无法获知上市公司内在的真正价值，对其未来投资收益增长的预期具有一定程度的盲目性，因此才会产生股价的动荡和短期投机性。而有效的市值管理可以使投资者了解和认知企业的真实经营状况，进而对其未来投资收益获得正确的预期，如此一来可以带动投资者进行长期的价值投资，而非短期的投机。

市值管理的核心

与非上市公司相比，上市公司的企业经营目标从利润最大化转向了企业价值最大化，如图 5-1 所示。

图5-1　上市公司企业经营目标的转变

股权分置改革使得股东利益趋于一致，让市值增长成为全体股东的一致需求，股东利益第一次被提升到一个新的高度，所有的公司经营活动都要为股东权益增值服务。从管理角度看，企业的经营管理升华到股东权益至上的高度，企业经营的目标从利润最大化向企业价值最大化过渡。在成熟市场经济和国际惯例里，企业价值最大化（市值最大化）已经成为公司经营的最高目标和体现经营绩效的综合性指标，传统的"利润最大化"成为一个追求市值最大化的过渡性指标。这种经营目标的转型，将引发经营思维和经营内容的一系列变化。

市值管理的核心内容就是实现股东价值最大化，但是在具体实现的过程中，不同的公司由于认识不同，所采取的方式也各种各样，而不同的管理方式令上市公司的市值表现也大相径庭。

> 　　价值创造管理就是通过科学的产品经营、资本运营、资本结构优化和良好的公司治理，提高公司的投资回报率和降低公司的资本成本，从而提高公司的价值创造能力，为股东最大化地创造价值。
>
> 　　价值经营就是指当市值与其内在价值大幅背离时，上市公司主动地干预、经营市值。例如，当市场高估公司价值时，采取增发新股、换股收购、注资、分拆等措施；在市场低估公司价值时，采取股票回购、发行可转债等措施。通过价值经营，既能为公司创造价值，也能促进公司价值的充分实现。

　　股改完成、市场进入全流通之后，上市公司需高度重视收购兼并、市值管理等，尤其是要从股东、股价和股本三个方面进行市值管理，以促进公司市值持续而稳健的增长。市值管理的最终目标是要使上市公司的股票价格能够正确地反映公司的内在价值，并努力实现上市公司内在价值最大化和市值表现的最优化。

　　一般情况下，市值管理是通过整体上市、收购兼并、股份增发与回购、管理层激励、资产置换、引入战略投资者等重要手段对上市公司内在价值、投资者关系、资本结构和股价等方面的侧重点管理。

　　在本书中，我们一直在强调，创业的目标和方向应该以能获取资本、符合上市标准为基本出发点，所以，非上市公司应当像上市公司一样对自己的企业进行市值管理，同时要注意以下几个关键：

　　第一，要以终为始，必须明确市值管理目标，且该目标是长期的，然后按时间倒排法设计出具体实现目标的战略举措和具体年度计划。

　　第二，为推进这个市值管理目标，要在企业组织架构上有所作为，以保证目标的实现。

　　第三，与考核、激励相配合。

第四，企业必须具备长期稳定的持续盈利能力，即企业只有具备成长性，内在价值才能充分发挥。

怎样做好市值管理

我们看看不同公司资产值和市值的对比。根据 2009 年年报，腾讯净资产 123 亿元，2010 年 4 月 1 日的总市值为 2841 亿港元，2017 年 7 月 27 日市值突破 2.9 万亿港元，在差不多的时间段，民生银行的净资产为 600 亿元，而市值仅为 1500 亿元。

再看不同公司利润和市值之间的差异。香港高阳科技的市值 154 亿港元，利润 1.35 亿港元，市盈率为 165.43 倍；海王生物的市值 90 亿元，利润 3200 万元，市盈率则为 373.44 倍。

可见，在上市公司里，股东的财富价值并不在于资产值和利润的高低，市值才是股东财富价值的最大指标。所以，为股东创造价值，利润只是一个过渡性指标，市值才是经营的终极指标。

要做好市值管理，应该从以下几个关键因素入手：上市地点、财务报表、行业、商业模式、主题和概念、股本和股东结构。

第一，上市地点。

一般来说，优选 A 股市场；视行业情况可考虑中国香港和美国纽约市场；大胆探路巴西、越南、印度市场，尽量少考虑欧洲和日韩、新加坡市场。

第二，财务报表。

财务报表对于市值管理的意义有两个：一是为了防止"空城计"；二是报表策略。

第三，行业。

公司所处的行业结构对市值影响非常大。不同的行业会有不同的估值水平，主要原因是不同行业给股市带来的想象空间不同，就造成了估值水平的不同。

第四，商业模式。

不同的商业模式会有不同的成长空间，从而造成了公司估值水平差异也很大。

那些被认为具有很好成长性的商业模式就会得到高的估值。

第五，主题和概念。

在资本市场，主题和概念是很重要的。目前流行的主题或概念有：国企改革（混改）、债转股、PPP、健康中国、雄安新区、一带一路……不过，有时候概念真的仅仅是概念。

第六，股本和股东结构。

这一项内容包括了股本大小、可分配利润、资本公积金、股东结构／股权激励。其中资本公积金是一个关键指标，它的高低代表公司送股能力的强弱，而送股永远是中国股票价格涨跌最重要的因素之一。

市值管理绩效指标体系

在全流通背景下，传统会计绩效评价指标的弊端日益凸显，市值便成为我国上市公司一项新的绩效考评指标，它的引入弥补了传统会计指标体系的不足，被越来越多的上市公司引用和重视。

传统会计指标往往反映的是企业过去经营业绩的静态指标，而公司市值衡量的是其动态的、未来的潜在盈利能力和预期收益。因此，有效开展市值管理，不但可以使公司的内在价值在市场上得到充分肯定、认同和反映，还可以帮助公司在市值考评中取得良好表现，为市值考评指标的有效性、真实性奠定基础，进一步完善了我国企业评价指标体系。

市值管理绩效指标体系是中国上市公司市值管理研究中心研发的，以价值创造、价值经营和价值实现以及价值关联度、市值溢价因素等为核心要素的市值管理评价指标体系。

市值管理绩效评价指标包含了价值创造、价值实现、价值关联度和溢价因素四个方面，对于上市公司个体来说，其作用是明确公司自身的长处和短处，从而采取有针对性的措施改善自身的市值管理，才能为全体股东创造更多的财富。价

值创造是基础，价值实现是市值管理的目标，价值关联度测量价值实现与价值创
造的表现之差异，溢价因素反映了公司能否形成基于自身资产和盈利能力的稳定
合理溢价。在市值管理绩效指标体系中，这四个指标的权重分别为 30%、40%、
20% 和 10%，如图 5-2 所示。

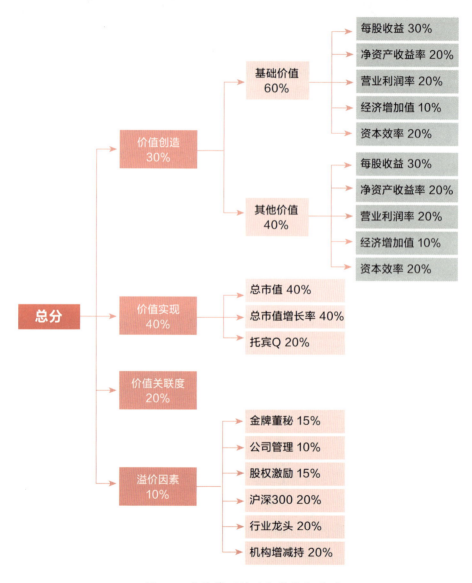

图5-2　市值管理绩效评价指标体系

2. 做好现金流管理

打造深入人心的品牌，吸引无数的粉丝，就是为了让企业有出色的现金流。企业有了现金流才能持续发展。因现金流问题而破产的企业数不胜数，可见企业现金流管理的重要性。

> 假如将企业比喻成人体，那现金流就是血液。一旦现金流断裂，企业就会"失血"，情况严重可造成"死亡"。

经营活动产生的现金流量，是现金流量表中最重要的数据之一，因为企业的经营活动通常是对企业的现金流量影响最大的因素，因此，通过观察经营活动产生的现金流量，可以判断企业从主营业务中获取现金的能力。投资活动和融资活动也是企业正常发生的经济活动，这两项活动产生的现金流量反映企业对外投资以及从外部获取资金的情况。

所以，现金必须流动才能带来更多的现金，静止不动的现金是没有意义的。一个企业即使有现金，却没有现金流进、流出的过程，说明这个企业的经营活动是静止的。

在企业的财务系统中，现金流量表的重要性不亚于利润表和资产负债表，因为通过对现金流量表的分析，投资者不仅可以了解到企业在一定会计期内有关现金流入、流出的信息，企业未来获取现金的能力，而且可以更深刻地了解企业的经营状况和财务状况，特别是支付股利的能力和偿还债务的能力，只有充足的现金才能保证企业的分红方案得以实现，而不是一纸空文，同样也只有充足的现金才能保证企业及时偿还债务，持续经营。

因此，没有利润的企业仍然有可能生存，没有现金的企业就无法生存。

对于现金流与利润，很多企业 CEO 说："没利润没啥，但是如果没现金流，我的工资都要领不到了。"这也是为什么那么多公司连续几年里都在各种融资烧钱，财务报告显示亏损巨大，但也仍然活得很好的原因。

所以，企业要长足发展，必须要有效管理现金流。

曾被业界誉为"黑马"的五谷道场，短短 6 年内在方便面行业攀升到全国第 6 的市场地位。2006 年，五谷道场以销售额 15 亿元人民币荣登中国成长企业100 强榜首。2007 年年初，五谷道场誓言拿下方便面市场份额 60%。然而好景不长，公司于 2008 年 11 月 20 日被迫进入破产重组。

同样的事例还发生在中国最大印染企业浙江江龙控股集团有限公司身上。2006 年其控股的"中国印染"在新加坡上市，名噪一时。2008 年其旗下的南方科技宣称将在当年 10 月于美国纳斯达克上市，一时间众首翘盼。然而就在预计上市的前期，这家行业龙头企业却因巨额欠款一夜间轰然倾塌。

类似的例子在国内外市场不胜枚举。尽管导致不同企业失败的要素不尽相同，但资金链的断裂却是引发此类案例最常见的诱因。这时要通过调整现金流来解决问题。

> 调整现金流的方法主要有两种：一种是资产剥离、股权转让；另一种是通过严格控制现金流，让它回到一个正常的循环轨道上。当然，这些都是短期的做法，任何一个企业的战略，实际上都需要现金流战略来支撑。

我们来看华人富豪李嘉诚的做法。

第五章　市值与绩效

码头经营所需投入很大，收益虽稳定但实现也很慢，尽管如此却也吸引了很多大型投资基金公司和银行前来投资。李嘉诚作为码头运营商，在进行码头投资时会开出两个条件：

第一，一定要控股51%以上。

第二，一定要掌握财务控制权。

因为，企业可将码头抵押给银行，套出现金来经营百货业。百货业的现金实现很稳定，现金库存也很大，大量的库存现金又可以被拿来支持房地产经营。房地产虽然是暴利行业，但是对现金的需求很大，它所实现的暴利可以被拿来投资到码头和百货行业。

通过"现金—利润—现金"的经营循环，我们可以发现李嘉诚的企业经营核心是现金流，其战略背后是强大的财务支撑力。

还有人认为，京东连年亏损，越亏越多，要倒闭吧！

中国著名营销人翟子休指出："决定一个企业的生死，不在于盈利还是亏本，而在于现金流。一个现金流50亿级企业，假设每年亏500万元，连续亏100年才亏5亿元，只要现金不断流转，活几百年没有问题。赔钱的企业只要有现金流，就可以耐心等待时来运转；而赚钱的企业没有了现金流被憋死的比比皆是，如清末的胡雪岩富可敌国，但挤兑风潮让他一夜破产就是明证。"

刘强东深谙现金流为王之道，在金融市场狂奔的同时，市场份额的野蛮掠夺式扩张也为他带来隐秘财富。

2013年爆出阿芙账款13个月新闻，据了解普遍结算周期为半年，而京东全年现金流近3000亿元，考虑到1000亿元左右的第三方入驻商家营业额，也就是说供货商沉淀给京东的货款现金流就有1000亿元左右，加上第三方商家的店租、推广费等，还有原始融资的几十亿美元，强大的现金流保障让京东有更宏伟的目标，烧更多的钱！

刘强东还会带着京东帝国在烧钱路上狂飙，一路灭掉各路英豪，然后就能赚大钱了，最重要的是投资人信了！

最后，我们又回到甜品店的故事。

食尚控股集团打造的产业链里，最重要的一个环节就是甜品连锁店。实行标准化经营的甜品连锁店将带来巨大的现金流，这就能够给投资者多加一层安定的砝码。一个估值100亿元的目标，必须有一个巨大的现金流来支撑。

正如巴菲特认为的，投资者进行投资决策的唯一标准不是企业是否具有竞争优势，而是企业的竞争优势能否为投资者的将来带来更多的现金。不能带来更多现金的竞争优势也不能给股东创造价值，是没意义的。

所以，企业内在价值的评估原则就是现金为王，要有巨大的现金流，有源源不断的现金进来，才是王道。

【 故事：小镇里的1000元钱 】

这是炎热小镇慵懒的一天。太阳高挂，街道无人，每个人都债台高筑，靠信用度日。

这时，从外地来了一位有钱的旅客，他进了一家旅馆，拿出一张1000元钞票放在柜台，说想先看看房间，挑一间合适的过夜。就在此人上楼的时候……

店主抓了这张1000元钞票，跑到隔壁屠户那里支付了他欠的肉钱。

屠夫有了1000元，横过马路付清了猪农的猪本钱。

猪农拿了1000元，出去付了他欠的饲料款。

那个卖饲料的老兄，拿到1000元赶忙去付清赌博欠的钱。

有了1000元，赌徒冲到旅馆付了他所欠的房钱。

旅馆店主忙把这1000元放到柜台上，以免旅客下楼时起疑。此时那人刚好下楼来，他拿起1000元，声称没一间满意的，把钱收进口袋，走了……

这一天，没有人生产了什么东西，也没有人得到什么东西，可全镇的债务都清了，大家都很开心。

3. 打造可持续盈利能力

盈利能力是指企业获取利润的能力，企业的盈利能力越强，则其给予股东的回报越高，企业价值越大。

优质的持续盈利能力，决定了对社会投资者的回报，是判断企业价值的核心标准。优质的含义是指该种盈利能力：可以令人信服有稳定的预期；盈利增长快、成长性好；符合国家产业政策；建立在高技术或者独特管理方式的基础上；在本质上能够提高生产效率、创造高增值财富，不能依赖行政垄断损民自肥；依赖的核心竞争力应是企业独创而不是依赖社会落后的因素取得；符合建设创新型国家的大方向；符合人类社会文明发展的大趋势。

可持续盈利能力与核心竞争力、风险因素的关系

当我们谈论上市企业的时候，其实就是在谈它的可持续盈利能力、核心竞争力和其存在的风险因素。

首先，可持续盈利能力是企业具备核心竞争力的证据和结果。在此意义上，讨论持续盈利能力就是讨论核心竞争力，并且可持续盈利能力的范围大于核心竞争力。

其次，风险和持续盈利能力是一个问题的两个方面，此消彼长：风险之所在，

使持续盈利能力严重受损；降低风险，无疑持续盈利能力会大大增强。因此讨论风险也就是讨论持续盈利能力，即通过讨论风险的方式讨论影响持续盈利能力的因素，进而可以据此判断企业是否具有核心竞争力。

根据《公开发行证券的公司信息披露内容与格式准则第1号——招股说明书》（简称"1号准则"）、《公开发行证券的公司信息披露内容与格式准则第28号——创业板公司招股说明书》（简称"28号准则"）及《首次公开发行股票并上市管理办法》（证监会令第32号）（简称"32号文"）中提到的风险内容，以及其他可能影响公司可持续盈利能力的客观存在的风险，经过分析、分解，得到拟上市公司在上市的过程中主要面临的风险类型，并根据风险模型体系整理成表。

> 风险模型体系分为两个维度：
>
> 一是公司自身生产要素的集合，即人员主体、资产、技术、经营和管理、产品和服务共五大类。
>
> 二是公司的外部主体的集合，即因素自身、国家和公众、竞争者、客户和消费者、供应商五大类。

我们在做顶层设计时，应当尽量避免各种风险类型，让企业能够主动符合上市标准。这也是我们以终为始的原则，从结果开始倒推设计，可以预知遇到的各种困难和风险，并逐一规避，或准备各种预案，在这种情况下，创业公司便可以少走很多弯路。

企业独立性设计

上市公司缺乏独立性，会带来许多问题，包括关联交易频繁，经营业绩失真，业务不稳定，大股东侵害上市公司和中小股东的利益，严重危害到证券市场的健康发展。针对投资者十分关注的上市公司独立性问题，《首次公开发行股票并上市管理办法》要求上市公司实行资产、人员、财务、机构、业务的"五分开"，也就是我们所说的"五独立"，并提出了可量化的标准。

（1）企业规划应遵循"五独立"原则。

企业在上市辅导过程中，应根据有关法律法规，在辅导机构的指导下，采取措施提高独立性。企业的"五独立"主要是相对于控股股东或实际控制人来说的，一般包括以下要求（见图5-3）：

图5-3 企业的"五独立"原则

一是资产完整。发起人及股东的资产不得与股份公司资产混同，更不能将股份公司的资产据为己有。严格地说，这是公司法对股东出资的基本要求，也是公司法人独立的基础。具体如下：企业应具有开展生产经营所必备的资产。企业改制时，主要由企业使用的生产系统、辅助生产系统和配套设施、工业产权、非专利技术等资产必须全部进入发行上市主体。企业在向证监会提交发行上市申请时的最近1年和最近1期，以承包、委托经营、租赁或其他类似方式，依赖控股股东及其全资或控股企业的资产进行生产经营所产生的收入，均不超过其主营业务收入的30%；企业不得以公司资产为股东、股东控股的子公司、股东的附属企业提供担保。

二是人员独立。企业的劳动、人事及工资管理必须完全独立。董事长原则上不应由股东单位的法定代表人兼任；董事长、副董事长、总经理、副总经理、财务负责人、董事会秘书，不得在股东单位担任除董事、监事以外的其他职务，也不得在股东单位领取薪水；财务人员不能在关联公司兼职。人员独立的目的主要是避免因人员交叉任职而引发的业务交叉、财务交叉甚至资产交叉等情形，另外，人员交叉任职，中立性大打折扣，在处理相关事务时势必顾此失彼，这对上市公司来说非常不利。

三是财务独立。企业应设置独立的财务部门，建立健全财务会计管理制度，独立核算，独立在银行开户，不得与其控股股东共用银行账户，依法独立纳税。企业的财务决策和资金使用不受控股股东干预。

四是机构独立。企业的董事会、监事会及其他内部机构应独立运作。控股股东及其职能部门与企业及其职能部门之间没有上下级关系。控股股东及其下属机构不得向企业及其下属机构下达任何有关企业经营的计划和指令，也不得以其他任何形式影响其经营管理的独立性。也就是说，公司的董事会、股东会、监事会不应当与股东的机构发生重叠或混同。机构是公司决策的发源地，如果机构混同，则公司意志不具有独立性，上市公司的利益很难保障。

五是业务独立。企业应具有完整的业务体系和直接面向市场独立经营的能力。属于生产经营企业的，应具备独立的产、供、销系统，无法避免的关联交易必须遵循市场公正、公平的原则。在向证监会提交发行上市申请时的最近 1 年和最近 1 期，拟上市公司与控股股东及其全资或控股企业，在产品（或服务）销售或原材料（或服务）采购方面的交易额占拟上市公司主营业务收入或外购原材料（或服务）金额的百分比都应不超过 30%；委托控股股东及其全资或控股企业，进行产品（或服务）销售或原材料（或服务）采购的金额占拟上市公司主营业务收入或外购原材料（或服务）金额的百分比都应不超过 30%。企业与控股股东及其全资或控股企业不应存在同业竞争。这是避免关联交易、同业竞争的必然要求。

企业的独立性还分为对内独立性和对外独立性。

对内独立性不够，表现为对主要股东的依赖或主要日常管理完全受制于控股股东。中小企业整体上市是今后发展的方向，要从源头上解决持续性关联交易和消除同业竞争。

对外独立性不够，表现为在技术和业务上对其他公司的依赖、对单一客户或供应商的依赖。这是由公司的实力决定的，因此较难解决，只能通过增强公司的实力，减少公司对单一客户或供应商的依赖，同时加强公司的信息披露解决。其实，对外独立性不足也是公司缺乏核心竞争力和持续盈利能力问题。

（2）避免关联交易。

关联交易具有两面性，从消极的角度看，可能导致利润转移、粉饰业绩、侵害中小股东权利、影响公司独立性；从积极的角度看，具有高效、优质、持续和稳定的优点。因此，上市审核标准中对同业竞争和关联交易持有不同态度，对前者是"禁止"，对后者是"规范"。

> 关联交易，是指上市公司或者其控股子公司与上市公司关联人之间发生的转移资源或者义务的事项。关联方之间几乎所有的商业合作、往来都有可能构成关联交易。

关联交易确定的关键在于关联方的界定：

从会计准则方面看，关联方是指一方控制、共同控制另一方或者对另一方施加重大影响，以及两方或两方以上同受一方控制、共同控制或重大影响的，构成关联方。会计上持股比例达到 20%~50% 的就属于施加重大影响，超过 50% 的就属于控制，因此基本上只要控股股东控制或共同控制超过 20% 比例的其他公司都属于关联方。

从公司法上，关联方是指公司控股股东、实际控制人、董事、监事、高级管理人员直接或者间接控制的企业，更多是从实际情况来判断。

从证监会监管和规范上界定，是指能够控制公司或影响公司决策而损害公司利益的各方，包括潜在关联人。

从招股说明书的准则上界定，则是将持有 5% 以上股份的股东界定为关联方。

常见的关联交易有以下（见图 5-4）几种。

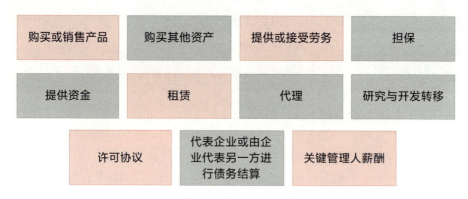

图5-4 常见的关联交易形式

①购买或销售商品。

购买或销售商品是关联方交易最常见的交易事项。例如，企业集团成员之间相互购买或销售商品，从而形成关联方交易。由于这种交易将市场交易转变为公司集团的内部交易，可以节约交易成本，减少交易过程中的不确定性，确保供给和需求，并能在一定程度上保证产品的质量和标准化。此外，通过公司集团内部适当的交易安排，有利于实现公司集团利润的最大化，提高其整体的市场竞争能力。这种交易产生的问题是，可能为公司调节利润提供了一种良好的途径。披露这种关联方交易，有利于中小股东、债权人等报表使用者了解这种交易的性质、类型、金额等信息，判断这种交易的价值取向，为报表使用者的经济决策提供了非常有用的信息。

②购买其他资产。

购买或销售商品以外的其他资产，也是关联交易的主要形式。比如，母公司销售给其子公司的设备或建筑物等。

③提供或接受劳务。

关联方之间相互提供或接受劳务，也是关联交易的主要形式。例如，甲企业是乙企业的联营企业，甲企业专门从事设备维修服务，乙企业的所有设备均由甲企业负责维修，乙企业每年支付设备维修费用20万元。作为企业外部的报表使用者来说，需要了解这种提供或接受劳务的定价标准，以及关联方之间的交易是否在正常情况下进行。在附注中披露这类关联交易的有关情况，为报表使用者分析集团的财务状况和经营成果提供了依据。

④担保。

担保有很多形式，以贷款担保为例，某企业生产经营中需要资金，往往会向银行等金融机构申请贷款，银行等金融机构为了保证所贷资金的安全，需要企业在贷款时由第三方提供担保。担保是有风险的，一旦被担保企业没有按期履行还款协议，则担保企业就成了还款的责任人。关联企业之间相互提供担保，能有效解决企业的资金问题，有利于经营活动的有效开展，但也形成了或有负债，增加了担保企业的财务风险，有可能因此而引发经济纠纷。因此，在附注中披露关联方相互之间担保的相关信息，对于分析判断企业的财务状况是非常有用的。

⑤提供资金。

提供资金包括以现金或实物形式提供的贷款或股权投资。例如，母公司利用集团内部的金融机构向子公司提供贷款，母公司向子公司投入资金、购入股份等。

⑥租赁。

租赁通常包括经营租赁和融资租赁等。关联方之间的租赁合同也是主要的交易事项。

⑦代理。

代理主要是依据合同条款，一方可为另一方代理某些事务，如代理销售货物，或代理签订合同等。

⑧研究与开发转移。

在存在关联方关系时，有时某一企业所研究与开发的项目会由于另一方的要求而放弃或转移给其他企业。例如，B 公司是 A 公司的子公司，A 公司要求 B 公司停止对某一新产品的研究与试制，并将 B 公司研究的现有成果转给 A 公司最近购买的、研究和开发能力超过 B 公司的 C 公司继续研制，从而形成关联方交易。

⑨许可协议。

当存在关联方关系时，关联方之间可能达成某种协议，允许一方使用另一方的商标等，从而形成关联方交易。

⑩代表企业或由企业代表另一方进行债务结算。

这也是关联方企业之间比较普遍存在的一种关联交易形式。比如，母公司为子公司支付广告费用，或者为子公司偿还已逾期的长期借款等。

⑪关键管理人薪酬。

支付给关键管理人员的薪酬也是一种主要的关联交易形式。因为企业与关键管理人员之间构成了关联方关系。例如，企业支付给董事长、总经理等人员的薪酬，就属于关联交易，也应该适当地予以披露。

说完关联交易的内容，下面我们来看一下关联交易的解决方式。

对于关联交易，总的原则首先是努力减少，其次是规范，最后是降低。

①去关联化。

去关联化的主要办法有转让、收购、注销、吸收合并等。如果仅从消除关联交易的效果看，注销比转让更彻底，因转让容易将关联交易从显性转为隐性，反而增加了治理风险与监管难度。吸收合并的方式也能保证消除关联交易的效果，但其操作程序较为复杂，成本较高。

比如，R 企业的业务为路桥和建材生产，企业将产品卖给了第三非关联方，非关联方采购产品主要是给 R 企业的大股东盖房子，这就是典型的关联交易去关联化。

②规范化。

关联交易规范化的核心三原则：第一，在实体上必须市场化定价和运作；第二，在程序上必须严格遵行公司章程和相应制度的规定；第三，在数量和质量上不能影响公司的独立性。

具体做法如下：

a.关联交易的真实性。真实的关联交易是指有真实交易动机，且符合营业常规。虚假的关联交易不仅背离公司利益，也常常隐藏着违规、违法等因素。比如有些公司虚构并不存在的交易来转移收入和分摊费用，或者通过相互拆借资金的方式调解利息费用。一旦发现，企业就会面临处罚，公司的信用也会受到影响。因而，公司应关注关联交易的真实性。

b.注重关联交易的信息披露。关联交易的存在已不是关注的重点，对关联交易信息及时、深入、完全、准确披露已成为公众投资者关注的焦点和监管部门的工作重点。公司只有坚持披露重于存在的原则，才能更稳健地运行。

c.关联交易的必要性与公平性。必要的关联交易多为公司存在及发展不可或缺的，比如，综合服务协议、主营业务所赖以依托的购买或租赁协议等；这类关联交易也是公司持续性的关联交易，此时也要兼顾关联交易的公平性。

d.在关联交易中注重保护中小股东的利益。实践中，关联交易多发生在新、旧控股股东与其关联方之间。虽然控股股东与其他股东在权利质量上并无不同，只是数量上的差别，但其比普通股东的权利更为优越。关联交易往往损害中小股东的利益，如果此问题处理不好，会引起中小股东的不满，可能使企业陷入诉讼的泥潭，会影响到公司的信誉，不利于公司的发展。

总之，关联交易对公司来说是把双刃剑，所以公司从事关联交易一定要慎重，以免使公司陷入泥潭。

（3）消除同业竞争。

企业要发行上市的基本要求之一是该企业的业务应当独立于控股股东、实际控制人及其控制的企业，与控股股东、实际控制人及其控制的其他企业间不存在同业竞争关系。

在判断是否构成同业竞争时，以"实质重于形式"为原则，重点关注的主体是公司和公司的控股股东、实际控制人及其控制的其他企业，内容上则从业务的性质、业务的客户对象、产品或劳务的可替代性、市场差别等方面进行判断，同时应充分考虑对拟上市企业及其股东的客观影响。

如果控股股东和实际控制人的亲属持有与拟上市企业相同或相关联业务，则一般要求直系亲属必须进行整合，其他亲属的业务之前与发行人的业务是一体化经营后分家的也应进行整合，若业务关系特别紧密（如配套等）也应进行整合。若亲属关系、业务关系不紧密，各方面都独立运作，可考虑不整合。

同业竞争是上市的明确障碍，如果判断存在同业竞争，必须采取各种措施解决。在实践中，对同业竞争的处理主要有以下几种方式，如图5-5所示。

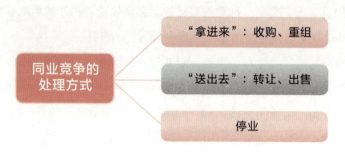

图5-5 同业竞争的处理方式

第一种是"拿进来"，即收购、重组。将有同业竞争的资产全部重组到拟上市公司。这是采取的较多，效果最好的一种。通过收购、委托经营等方式，将竞争的业务集中到拟上市公司，但不得运用首次发行的募集资金收购。

第二种是"送出去"，即转让、出售。将有同业竞争的资产转让，变卖给无关联的第三方，这主要适用于这部分资产并不优良、不适合投入拟上市公司的情况。在实践中采用的较少。

第三种是停业。公司改变经营范围，放弃竞争业务。

为了避免同业竞争，企业应采取措施从业务发展规划方面着手，比如明确市场区域区分、产品品种或等级划分，以及行业业态的区分；还应在有关股东协议、公司章程等文件中规定避免同业竞争的措施，并要求控股股东或实际控制人出具不竞争承诺。

某 T 企业的实际控制人是中国台湾地区某家族，三年前上市被否，原因在于 T 企业和 T 企业的间接控股股东，在实际控制人、技术来源、管理人员、生产订单、业务等各方面相同或高度一致，存在缺乏独立性和同业竞争的严重问题。为确保再次申请上市成功，T 企业股东不惜抛售创办逾 30 年的上市公司的全部股票，家族成员也陆续辞去在 T 企业及其下属企业的任职，如此才彻底解决了同业竞争问题。三年后，T 企业终于顺利过关。

4. 符合上市标准

　　资本因为流动而显露其活力，资本的逐利性使它永远在寻找能够获得最大收益的地方。资本市场拥有多大的魅力，就有多么残酷。当我们面临资本市场的时候，首先要冷静地判断，我们的公司离资本市场还有多远？这个距离如何缩短？这个时候，我们通常需要设计一个清晰的金融路线图来为公司上市做好布局。

　　我们规划金融路线图的目的是管理好企业设计IPO前的市值目标，从而再按时间与绩效倒推上市前各阶段的融资指标，以实现最终的市值目标。

　　一般来说，企业的发展分为四个阶段，种子期、发展期、扩张期以及稳定期，整个成长过程中的融资方式也有不同，主要有种子投资、天使投资、风险投资（VC）、私募股权投资（PE）、首次公开募股（IPO）5种方式，如图5-6所示。

图5-6　企业的融资方式

种子期或者说启动期的企业一般不会进行天使融资，它们都是以创业团队的启动资金运作企业，当然不排除有些优质项目能够吸引一些知名天使投资人，这时这个阶段的融资一般是种子投资，也就是我们常说的种子轮。大多数情况下，种子轮一般是创始人亲朋好友的出资或众筹融资。

天使投资主要针对企业的启动期以及初创期，天使投资实际上是风险投资的一种特殊形式，是对于高风险、高收益的初创企业的第一笔投资。

当企业进入发展期，会引入天使投资，金额一般也不会太大，这笔资金主要用于扩大业务，加强团队，发展期也是企业做大最主要的阶段，在该阶段，产品、品牌及企业知名度是重点。

接下来就是风险投资（VC），投资对象多为处于创业期的中小型企业，而且多为高新技术企业，投资期限至少3~5年，投资方式一般为股权投资，通常占被投资企业股权的30%左右，而不要求控股权，也不需要任何担保或抵押。风险投资一般还分为A轮、B轮、C轮等过程。

私募股权投资（PE）一般属于机构投资，且投资数额较大，它会推动非上市企业价值增长，最终通过上市、并购、管理层回购、股权置换等方式出售持股套现退出。

最后一个阶段就是上市，首次公开募股（IPO），这就是我们创业公司上市金融路线图的目标。

就目前国内的市场来看，创业公司一般会先尝试上新三板挂牌。新三板作为全国统一监管下的场外交易市场，现在基本成为拟上市公司的"练兵场"。

不同的融资阶段如何估值

那么，创业公司在不同的融资阶段是如何估值的呢？

以互联网行业为例，常用的估值方法有P/E（市盈率）、P/S（市销率）、P/GMV(市值/交易流水)、P/订单量、P/用户数等。在什么时候到底应该用什么估值方法，一直是业界争论不休的问题。

以下是一个虚拟的社交类企业的融资历程：

天使轮：公司由一个连续创业者创办，创办之初获得了天使投资。

A轮：1年后公司获得A轮融资，此时公司MAU（月活跃用户）达到50万人，ARPU（单用户贡献）为0元，收入为0。

A+轮：A轮后公司用户数发展迅猛，半年后公司获得A+轮融资，此时公司MAU达到500万人，ARPU为1元。公司开始有一定的收入（500万元），是因为开始通过广告手段获得少量的流量变现。

B轮：1年后公司再次获得B轮融资，此时公司MAU已经达到1500万人，ARPU为5元，公司收入已经达到7500万元。ARPU不断提高，是因为公司已经在广告、游戏等方式找到了有效的变现方法。

C轮：1年后公司获得C轮融资，此时公司MAU为3000万人，ARPU为10元，公司通过广告、游戏、电商、会员等各种变现方式多点开花。公司此时收入达到3亿元，另外公司已经开始盈利，假设有20%的净利率，则利润为6000万元。

IPO：以后公司每年保持收入和利润30%~50%的稳定增长，并在C轮融资1年后上市。

这是一个典型的优秀互联网企业的融资历程，由连续创业者创办，每一轮都获得著名VC投资，成立五年左右上市。我们从这个公司身上，可以看到陌陌等互联网公司的影子。公司每一轮的估值是怎么计算的呢？

接下来，我们再做一些假设，以终为始，按时间倒排法来推算。

IPO：上市后，公众资本市场给了公司50倍市盈率。细心而专业的读者会立即反应过来，这个公司的股票投资价值不大了，PEG>1（市盈率/增长），看来最好的投资时点还是在私募阶段，钱都被VC和PE们挣了。

C轮：不同的投资机构给了公司不同的估值，有的是50倍P/E，有的是10倍P/S，有的是单个用户估100元，但最终估值都是30亿元。每种估值方法都很有逻辑：一个拟上创业板的公司给50倍市盈率，没问题吧；一个典型的互联网公司给10倍市销率，在美国很流行吧；或者一个用户给15~20美元的估值，看看Facebook（脸书）、Twitter（推特）等几个公司的估值，再打点折扣。

B轮：不同的投资机构给了不同的估值方法，分歧开始出现。某个机构只会按 P/E 估值，他给了公司 50 倍市盈率，但公司没有利润，所以公司估值为 0；某个机构按 P/S 估值，他给了公司 10 倍市销率，所以公司估值 10×0.75 亿 =7.5 亿元；某个机构按 P/MAU 估值，他给每个 MAU100 元，所以公司估值达 100 元 ×1500 万人 =15 亿元。不同的估值方法，差异居然这么大！看来，此时 P/E 估值方法已经失效了，P/S、P/MAU 继续适用，但估出来的价格整整差了一倍！假设公司最终在 7.5 亿~15 亿元选了一个中间值 10 亿元，接受了 VC 的投资。

A 轮：在这一轮，P/E、P/S 都失效了，但如果继续按每个用户 100 元估值，公司还能有 100 元 / 人 ×500 万人 =5 亿元估值。此时能看懂公司的 VC 比较少，大多数 VC 的顾虑都很多，但公司选择了一个水平很高的、敢按 P/MAU 估值、也坚信公司未来会产生收入的 VC，按 5 亿元估值接受了投资。

天使轮：公司用户、收入、利润啥都没有，P/E、P/S、P/MAU 都失效了，是怎么估值的呢？公司需要几百万元启动，由于创始人是著名创业者，所以 VC 多投了一点，那就给 2000 万元吧，占股 20%，不能太少也不能太多，最后按 1 亿元估值成交。

我们总结一下，这个互联网公司天使轮的估值方法是拍脑袋；A 轮的估值方法是 P/MAU；B 轮的估值方法是 P/MAU、P/S；C 轮的估值方法是 P/MAU、P/S、P/E；也许上市若干年后，互联网公司变成传统公司，大家还会按 P/B（市净率）估值！其实，大多数融资都是类似的情况。

对互联网公司来说，P/MAU 估值体系的覆盖范围是最广的，P/E 估值体系的覆盖范围是最窄的。在此，我姑且把这种覆盖体系叫作估值体系的阶数。P/MAU 是低阶估值体系，容忍度最高；P/E 是高阶估值体系，对公司的要求最高。

不同的估值方法都殊途同归，我们来看一个公式。

> 净利润（E，earning）= 收入（S，sales）− 成本费用 =
> 用户数（MAU）× 单用户贡献（ARPU）− 成本费用

一般来说，如果企业没有 E，还可以投 S；如果没有 S，还可以投 MAU，但最终还是期待流量能转换为收入，收入能转换成利润。不同的创业企业，都处于不同的阶段，有的处于拼命扩大用户量的阶段，有的处于绞尽脑汁让流量变现的阶段，有的处于每天琢磨怎么实现盈利的阶段。然而，最终大家是要按盈利来考察一个公司的，那时候不同阶数的估值方法是殊途同归的。

股权稀释是资本的引进方式

对公司创始人来说，在融资过程中，最重要的一点是股权稀释，这也是资本的进入方式。

融资是把外来资金引入企业，投资人作为公司的新股东，占有一定比例的股权。公司在引进资金，出让相对比例的股权时，原股东的股权也会被等比稀释。这就是股权稀释。

一家公司在成功上市前，可能需要经历四到五轮甚至更多轮融资。一般来说，天使轮不要让出过多股权，保持在 10% 左右即可，否则公司创始人会发现自己的股权被稀释得很快，导致最后就失去了控制权。

京东从中关村一家小店到美国上市前夕，在 11 年中一共经历了 7 轮融资，融资额超过 20 亿美元，如图 5-7 所示。

图5-7　京东历次融资额及融资价格

刘强东从一开始就预设了烧钱上市模式，为了让游戏能够进行到底，避免其掉入雷士照明创始人吴长江的悲剧，他将其持有的 B 股投票权制定为世所罕见的 1∶20，这种股权结构的顶层设计，证明刘强东对控制权极度重视，同时也折射了刘强东对京东需要多次巨额融资的预估。刘强东早就设计了京东烧钱模式，必须通过多轮巨额融资才行，按照京东多次数亿美元甚至十亿美元数量级的融资额，其股权被稀释到个位数也是正常的，如图 5-8 所示。在这种情况下，将自己的投票权设计成 1 股等于 20 股，只要其股权不被稀释至低于 4.8%，就能控制总投票权超过 50%，确保企业控制权不旁落，如表 5-1 所示。

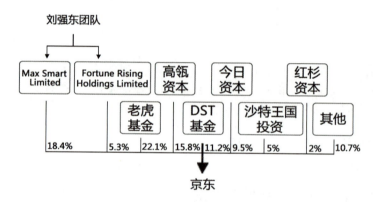

图5-8 京东IPO前股权结构

表 5-1　　　　　　刘强东在京东的股权及控制权计算（IPO 之前）

股东名称	股票类型	股票数量(股)	股权占比	投票权数量(票)	投票权占比
刘强东	B类	476 415 289	23.67%	9 528 305 780	86.12%
其余股东	A类	1 536 267 394	76.33%	1 536 267 394	13.88%

在股权设计上，刘强东的前瞻性和大胆自信都让人佩服。百度在美国 B 股投票权也就是 1∶10，而刘强东设计为 1∶20，居然还能拉到大额投资，这说明，只要你项目足够有吸引力，谁还在意投票权呢？

甜品店的金融路线图

以甜品店的故事为例。在前文我们已经给甜品店梳理设计了它的产业链和商业模式，以上市公司的标准来重组整个食尚控股集团的架构。在这个食尚控股集团的顶层设计里，需要开一系列的连锁店，并且进行标准化配送。这就需要大量的资金。资金从哪里来？从资本市场里来。

食尚控股集团的上市目标是，以 2017 年为起点，到 2022 年 12 月 IPO 融资 20 亿元，估值目标则是 100 亿元。

根据创业公司的一般融资路线，以终为始往前倒推，要实现 100 亿元估值，那么在此前的 2020 年应当引入 IB（Investment Banking，即投资银行）投资 3 亿元，此时公司估值 20 亿元；2019 年引入 PE 投资 5000 万元，此时公司估值 5 亿元；2018 年引入 VC 投资 1500 万元，这时公司估值 1.5 亿元；2017 年的天使轮则需融资 450 万元，公司估值 3000 万元。从首轮 450 万元投资的 3000 万元市值，到 IPO 时的 100 亿元市值，回报率是非常可观的。

如此倒推的目的，一是为了推算出食尚控股集团每一轮融资需要的资金量，二是为了设计这个金融路线图，如图 5-9 所示，展示给投资人看，从第一轮融资到最终 IPO 上市，投资人可以拿到多少回报。资本都是逐利的，哪里的回报足够多，资本就会流向哪里。

图5-9　金融路线图

第六章

品牌与顾客

—— 点石成金 ——

I can make it through the rain. I can stand up once again on my own.

我可以穿越云雨，也可以东山再起。

1. 深入人心的品牌价值

　　一家上市公司巨大的市值背后，绝对是靠它的品牌价值来支撑的。企业的价值就体现在它的品牌价值上。品牌的价值有多大？它可以让企业超越生命周期！

> 　　可口可乐公司前总裁道格拉斯·达夫特说："假如可口可乐的工厂被一把大火烧掉，第二天全世界各大媒体的头版头条一定是银行争相给可口可乐贷款。"这就是连续 9 年排名"全球最佳品牌榜"榜首、品牌价值高达 700 亿美元的可口可乐的底气。

　　对于一个公司来说，品牌就是软实力。产品性能的提升有其物理极限，但公司品牌和文化的扩展并没有硬性天花板。

　　品牌可以带来惊人的品牌价值。可口可乐的品牌价值高达 700 亿美元，IBM 的品牌价值达到了 600 亿美元，而海尔和联想的品牌价值也分别达到了 800 亿元和 700 亿元。

　　品牌带来商业优先机会。来自成熟市场的经验显示，一个行业内，消费者最多只能记住 7 个品牌，而排名第 1 的品牌利润是第 7 名的 7 倍！在欧美，人们提起复印机的第一反应就是理光，即使是总体实力远超理光的惠普和爱普生也不能改变其地位。可以想象，理光的代理商、运营商会获得多少超乎其他品牌的商业优先机会。

品牌带来价值链增值。这是一个渠道为王，决胜终端的商品时代。体育用品巨头耐克，目前在亚洲拥有600多家合作代工厂，在中国内地的渠道主要交给百丽、达芙妮等本土品牌。为何厂家愿意生产耐克鞋、众多品牌愿意代理耐克鞋？因为耐克品牌带给它们非同一般的利润价值。

品牌带来坚强的抗风险能力。2002—2011年曾是中国酒业的"黄金十年"，但从2012年开始，在陆续遭遇了"塑化剂危机""勾兑门""虚假年份酒"等一系列事件后，一路高歌猛进的酒业突然陷入停滞，多家知名酒企爆出库存高企、量价齐跌的噩耗。在如此严峻的行业危机下，以茅台、五粮液等为代表的优质上市公司的业绩率先走出行业低谷，而对于皇台、啤酒花等长期徘徊在后的酒类公司，则严寒愈加彻骨。至2015年，酒类上市公司的业绩差距进一步拉大，可以用冰火两重天来形容。茅台是国内资本市场上最赚钱的酒类股票。很长时间以来，茅台股都以价格最高稳居榜首，即使在酒业遭遇政策影响、面临下行压力与行业调整的环境下，茅台的股价仍居于高位，体现出茅台强大的品牌价值与抗风险能力。

品牌带来非一般的发展爆发力。品牌力和发展力其实是相辅相成的，品牌力带来发展力，发展力也促进品牌力的提升。在2007年，苹果的品牌力促使其胆敢冒天下之大不韪推出iPhone，而iPhone的横空出世也让更多的拥趸们对乔布斯顶礼膜拜，其发展爆发力让当初目空一切的诺基亚、摩托罗拉也不敢小觑，苹果拥有了远超其他品牌的发展速度。

对于企业而言，不创建品牌就是"踩着西瓜皮，滑到哪里算哪里"，而走上创建品牌之路，就像汽车开上了高速公路，随之而来的品牌力量就能让企业飞速向前。

品牌的核心是产品

据调查，75%的消费者在确定需求后，首先考虑的是品牌，而不是一些具体的功能属性。比如说，头皮屑多了，你的脑海里会不由自主地想到海飞丝；你要买空调，首先想到的是格力。

对于企业来说，倾心且重金打造品牌，是为了产品和服务的识别性。品牌就像一个人的气质一样，无法轻易获得，以美女为例，大牌女明星都具备自己独特的气质，比如安吉莉娜·茱莉、凯特·布兰切特、巩俐、姚晨等，她们的识别性很强，能让人过目不忘；相反，如今在网上大行其道的网红美女们，却几乎都长着一模一样的脸，让人分不清谁是谁，没有识别性。这就是有气质和没气质的区别。对于个人来说，气质就是识别性；对于企业来说，品牌就是识别性。美女再美，没有气质，便没有灵气；产品再好，没有品牌，便没有价值。

曾经的"中国制造"，是指中国企业为世界众多大品牌做代加工，"中国制造"的产品不好吗？产品当然好，但是没有品牌就没有生命力，就毫无价值可言。所以，金融风暴来袭时，倒下去的是一批批"中国制造"加工厂，却没听说有哪个品牌倒下去了。

> 当品质都差不多的时候，品牌就决定了一切。建立产品品质与建立对品质的印象是两回事。

如同一个生命迹象的发生发展，一般来说，一个产品从投入市场到淘汰，都会经历导入期、成长期、成熟期、衰退期。但品牌可以超越产品的生命周期存在。波士顿咨询集团研究了30大类产品中的市场领先品牌，发现1929年的30个领袖品牌中有27个在1988年依然居市场第一。

品牌是独特的、与众不同的商品，具有高溢价能力，抗风险能力强，能够持续增值。比如德国的汽车、瑞士的手表、法国的葡萄酒、意大利的服装，这些就是品牌。卖产品是赚不了钱的，能赚钱的是品牌。出产咖啡的国家是巴西，靠咖啡赚钱的是瑞士雀巢、美国星巴克。品牌没有任何限度，是超越时间和空间的。品牌的最高境界是什么？是永远被模仿，却从未被超越！

那么，品牌和产品是什么关系？一般来说，产品是消费者可以触摸、感觉、耳闻、目睹的东西，偏重于物理性质的组合，更多地呈现事物本身和适用功能，比如牙膏可以防蛀牙、笔记本电脑可以上网、电视可以收看节目。

> 产品是制造商生产出来的，而品牌只存在于消费者心中，它更注重消费者对产品的体验和感受。

品牌一定是根植于产品之上的，产品是核心，品牌是产品外面一层又一层的"包装"。所有的品牌背后都有一个产品，但不是所有的产品都能成为品牌。

品牌的两个关键词：体验与感受

所谓体验，主要是指对产品的使用价值的体验，比如你对产品的质量、功能、设计等的亲身体验，这会让你给出关于该产品的好评或恶评。西门子公司就针对一般煤气灶总是很难调整火力，要爆炒的时候火力不够大，炖汤的时候却又不能调到想要的小火，研发出无级旋转燃气调节阀，全面满足各式菜肴烹饪需要，大受欢迎，将消费者用灶的体验转化成他们对品牌的好感与喜爱。好体验可以带来产品的附加价值，如当你在喝青岛啤酒时，体验到的是年青一代的欢乐与激情；身处别墅时，你体验到的是身份与地位。

感受可以为品牌带来情感价值。我们知道，到星巴克不仅仅是去喝上一杯咖啡，而且是去享受它给人们带来的情感上的愉悦和友善的环境。同样我们喝可口可乐，不是完全为了品味来自美国的碳酸饮料，而是为了品味品牌赋予的激情、快乐和生命力；也有人会因为戴上"OMEGA（欧米茄，瑞士著名手表品牌）"或"SWATCH（斯沃琪，瑞士著名手表品牌）"手表而感到幸福和时尚，因为"OMEGA"寓意"身份高贵"，"SWATCH"寓意"时尚流行"。也就是说，星巴克卖的不只是"咖啡"，更多是一种生活品位；可口可乐卖的也不仅仅是"饮料"，更多是一种文化、一种精神、一种情感；"OMEGA"则卖的是一种贵族文化和身份价值。因此品牌不仅仅是企业产品的商标、自身的包装或者产品概念等，还应包括其对应的消费者情感价值成分。一旦消费者成为你某个品牌的粉丝，那你就等着收钱吧!

不管是对产品的体验还是感受，品牌最终是根植于消费者心中的。品牌越强势，在消费者心中的地位越高。

聚焦决定品牌定位

成功的定位让品牌脱颖而出。可口可乐定位"最正宗的可乐"，王老吉定位"怕上火就喝王老吉"，沃尔沃轿车定位"最安全的高档车"，高露洁牙膏定位"防蛀牙膏"……

这些鲜明的品牌定位，使这些品牌显示出明显的独特性，使它与别的品牌有所不同，形成区隔，帮助品牌在市场的竞争中脱颖而出。在产品同质化越来越严重的今天，要成功打造一个品牌，品牌定位是不得不考虑的关键因素。

我们在前文说过聚焦的力量。最大的聚焦是让消费者心目中只拥有一个概念。如果一个品牌能够在消费者心目中拥有一个概念，这个品牌就是成功的品牌。

> 品牌定位，就是让品牌在消费者心中占据一个与众不同的位置，使其成为某个类别或者某种特性的代表。如此，当消费者产生相关消费需求时，便会将该品牌作为首选，也就是说该品牌占据了这个定位。

如果你不是领先者，你更应该集中于某一点，使用一个概念。

那么，只用一个概念的品牌应该拥有什么样的概念才好呢? 是简单概念好还是复杂概念好呢? 所谓大道至简，概念越简单越好，简单并能突出你的长处最好。

成功的品牌都只拥有一个概念。一个品牌应该通过聚焦将焦点集中在一个简单的概念上，然后让这一简单的概念在消费者心目中生根。

2. 经营顾客心中的梦想

品牌经营可以划分为三种境界：**最低层次是"信息"**，作为一种区别于竞争产品的标识；**中间层次是"信任"**，建立与目标顾客之间的友善关系，赢得他们的好感与信赖；**最高层次是"梦想"**，激发人们内心深处的渴望和追求，建立与目标顾客之间难以割舍、难以忘怀的精神纽带，如图 6-1 所示。经营梦想，是基于信任的基础上的，而信任来源于对众多信息的筛选。因为对品牌的信任而节省了筛选信息的成本。

图6-1 品牌经营的三种境界

为什么有人心甘情愿花几个月的薪水去买一款 LV 包？为什么哈雷摩托的价格比轿车高还拥有大量忠诚顾客？为什么在 MP3、手机和笔记本电脑市场已经饱和的情况下，价格昂贵的苹果产品依然能引发一阵阵的抢购风潮？欧美知名品牌与其他品牌之间的差距，本质就在于其经营的是顾客心中的梦想。

消费者不是机器人，他们的购买行为包含了相当多的感性成分。因此商品满

118

足消费者物质上的需要只是一个方面，有时其带来的符号价值可能更值得关注。而这些符号价值往往集聚于品牌之上，因此准确定位的品牌可以满足顾客某一方面的愿望或者梦想，为顾客创造了附加的心理价值。正如人们购买洗发水并非只是简单地把头发洗净，而是源于一个美丽的梦——自信的或健康的梦一样。

宜家家居为了满足消费者家居产品精细化的梦想，在产品设计阶段，其开发人员、设计人员都和供应商进行了非常深入的交流，经过非常深入的市场调查后，设计的产品非常人性化；为了满足消费者自由自在享受购物乐趣的梦想，其在销售阶段特意打造轻松、自在的购物氛围，提供搭配好的家居样本间供消费者体验，并强烈鼓励消费者在卖场进行全面的亲身体验，比如拉开抽屉、打开柜门、在地毯上走走、试一试床和沙发是否坚固等。

品牌的概念如果与消费者心目中的某种梦想一致，就会触动消费者的心弦，比如华南碧桂园的"给你一个五星级的家"；万宝路在如今已经不仅仅是一个香烟的符号，它所销售的是一种关于美国西部牛仔生活的梦想，消费者不能亲自体会那种感觉，因此会通过购买万宝路来嫁接自己的梦想；中国移动全球通形象诉求的"成功人士选择全球通"，刚好吻合了消费者心目中幻想成为成功人士的梦想；上海通用汽车的别克GL8诉求的"陆上公务舱"，给了消费者不用坐飞机同样可以享受公务舱的机会，这些都是消费者梦想在产品上的实现。

梦想的动力来自追求高品质生活、建立个人形象、权力象征、维持不朽、知识与追求自由等。今天，生活形态不断地快速改变，影响了人们的价值观，也反映在社会文化中。因此，我们应当多掌握时尚变化的信息，了解研究消费文化，以多种角度体验社会的文化脉动，仔细聆听人们心底所渴望的梦，找寻消费者梦想的动力。例如耐克、可口可乐的成功，是因为它们洞悉新的社会文化，顺应人们追求新价值观的趋势，不断创造出不同时代的消费群都想要拥有的梦想产品，从而进一步奠定了品牌领导者的地位。

耐克为了挖掘自身的品牌精髓，发起了一场大规模的反思活动：耐克是什么？耐克品牌的本质是什么？最后提炼出的品牌核心即为"真正的运动品质"。在耐克所有的广告里，淡化产品、突出精神成为一贯的风格。耐克品牌已经超越了一双运动鞋，成为让每个人紧紧联系在一起的精神追求，因此得到了万千顾客心灵的回应和共鸣。

可口可乐依靠第二次世界大战期间的出色公关，成为体现胜利的一种代表，可以让人从中体会到一种团结向上的民族情感。随着美国战后经济复兴，可口可乐用"留住清爽瞬间"的系列广告热情赞扬美国的新式生活。在冷战的压力之下，可口可乐公司又重磅推出"意大利山顶广告"，以世界各地青年歌唱和平的方式，呼唤冲破种族和国家界限，彼此友爱，互相理解和宽容，使可口可乐成为和睦的代名词，成为一种缓和种族、政治和性别冲突的良药。号召人们用乐观和不屈不挠的美国精神战胜歧视和隔离，创造了缓解各种社会问题的可能性和想象空间。

如果企业家仅仅将品牌作为一种赚钱工具，品牌就会变得缺少人性，最终会遭到顾客的疏远和抛弃。有些老板把经营企业比喻为"养猪"而非"养儿子"，这种态度绝不可能培育出偶像般的品牌。

建设伟大品牌是一项复杂的系统工程，也是一场艰辛而漫长的跋涉过程。要让顾客感受到某种精神，并被其强烈打动，企业家及其团队不可能无中生有，必须要真真切切地具备这一精神。

> 对企业家而言，打造伟大品牌是一种自我教育、自我提升的过程，要求他是一个信仰坚定的梦想家，树立起打造传世精品的梦想和决心，既要理想高远又要行动果敢。

企业文化是品牌精神的源泉和依托。没有企业文化的滋养，品牌精神就会成为无源之水、无本之木。营造一种表里如一、简单而真诚的文化至关重要，而且要与品牌精神高度契合。

3. 赢在全媒体营销

何谓全媒体营销

　　什么是"全媒体"？

　　随着数字技术和网络技术的成熟与发展，数字媒体日益发达，出现了人们熟知的"融合"现象：新旧技术融合与不同媒体的壁垒销蚀同时发生，"全媒体"应运而生。

> 　　"全媒体"指媒介信息传播采用文字、声音、影像、视频、动画、网页等多种媒体表现手段（数字多媒体），利用广播、电视、音像、电影、出版、报纸、杂志、网站等不同媒介形态（业务融合），通过融合的广电网络、电信网络以及互联网络进行传播（三网融合），最终实现用户以电视、电脑、手机等多种终端均可完成信息的融合接收（三屏合一），实现任何人、任何时间、任何地点、以任何终端获得任何想要的信息（5W）。

　　中国传媒大学广告学院院长黄升民在《"全媒体"如何营销》一文中提到，在营销体系中，与"全媒体"相对应的概念就是"全方位营销"，也译为"整体营销传播"（HMC，即 Holistic Marketing Communications）。所谓"全方位营销"，其实就是"组织以顾客为中心，从整个公司的长期视点出发，有机、整合性地展开市场营销活动的过程或是思考方法"。

首先，它具有鲜明的"顾客导向"。所有的活动都强调要从顾客的角度重新审视，以和顾客的接触点为中心进行市场营销活动。

其次，强调"关系建构"。在消费者日渐聪明的今天，该营销观站在和他们平等的角度，研究如何建构一种长期关系，作为顾客伙伴创造新价值。

最后，高度重视"相互作用"。强调在和消费者的关系中，通过持续的相互作用创造"共创价值"或"合作价值"的营销过程。

何谓全媒体营销？

即"传统媒体营销＋数字化媒体营销"，将营销的覆盖范围和精准程度提升到前所未有的高度。将网络与传统行业、线上线下营销渠道高度结合，利用各种各样对大数据的捕捉、分析和运用，让品牌企业科学地规划、定位、策划，并采用全方位的视角，在多层次分类中很好地针对受众的需要。

全媒体营销强调的是充分利用媒体途径的立体化营销，侧重于媒体宣传面。整合营销强调的是各种工具和手段的立体组合，层面要高于媒体应用。全媒体营销摆脱了以往单一的媒体营销模式，将媒体资源整合、打包销售。

全媒体营销策略

全媒体营销的核心理念是动静结合、深浅互补、全时在线、即时传输、实时终端、交互联动。

在王熙的《积木宝贝陈清华：三角度三渠道创独立全媒体营销模式》一文中，以某早教平台作为案例，进行了详细的全媒体营销策略分析。

在早教领域里，品牌营销模式与传统早教行业有较大差别，并不是完全依托商场客流量，而是构建一个独立全媒体营销模式。

第一，从电视角度，利用具有影响力的电视平台节目做品牌营销和推广，将信息和理念传递给更多的家长和儿童。

第二，从网络投放角度，与国内较大并具有知名度的视频网站建立长久合作，设立早教体验专区。

第三，从平面媒体角度，每年出版图书和杂志，覆盖全国主要城市，通过渠道免费派送方式，让更多家长获取积木宝贝品牌信息。

早教平台通过以下三大渠道吸引更多客流：社区渠道、医务渠道、电视节目或活动形式。

早教平台整个品牌营销，形成了一套全媒体营销的方式。我们在此主要从线上线下营销渠道高度结合，利用各种各样对大数据的挖掘、分析和运用来探讨，让品牌企业科学规划、定位、策划，并采用全方位的视角，在多层次分类中很好地针对受众的需要。

全媒体营销的执行策略包括以下三方面，如图6-2所示。

图6-2 全媒体营销的执行策略

①全媒体传播：以全媒体渠道，进行多渠道、多媒体、多平台内容发布，实际上是对传媒形式的重新架构，并以此对跨界人群进行更广泛地覆盖。

②全媒体采编：针对不同的媒体渠道特征，进行媒体采编流程重构，并使信息形式和结构发生本质的变化，使不同阅读或收视习惯的受众，都得以满足。

③全媒体运营：在完成媒体架构和用户积累后，运营将是全媒体产品的终极目标，而随着媒体形式的多样化，新的商业机会将会出现，广告运营的绩效会得到大幅提升，而淘宝类的在线交易、携程类的中介服务、搜房类的专业渠道，都将得

以应用。媒体的平台将向应用型转移，资讯内容将整合成商业元素，产生收益。

全媒体营销最突出的特点是效果营销。

全媒体营销不单单强调传播渠道的扩大，范围的增强，更加强调落地效果。而这个落地效果，不是指一般的曝光传播量，而是指品牌在受众心里产生的影响，通俗来说，就是转化率。全媒体效果营销转化率其实听起来很难统计，但从全媒体效果营销的概念发布情况来看，我们可以暂且认为全媒体效果营销的转化率其实是投入、产出性价比的比值，从赋予品牌内涵开始，到爆破式传播营销的效果比值。

全媒体营销采用了人工智能技术，以大数据和人工智能算法为依托，依据用户意图链和个性偏好营销。它将高品质内容和创新技术实时组合，做到对用户更友好、对品牌更具价值。应用一系列智能组件，通过捕捉用户的主动关注度、品牌意向度与情感偏好度，衡量一个品牌对于用户心智的占有效果。

全媒体营销应用的最高境界是企业新闻营销，用软文来使读者、媒体、企业三方都获益。从某种意义上说，这种软文已经不是普通意义上的"软文"了，而是媒体自发地发表出的代表其"公正性"的文字。境界高的软文可以在轻易之间以无形胜有形，让你在不知不觉中接受企业想传播的信息。但是大多数企业却停留在平面媒体（报纸）付费模式这个阶段。它们往往疲于应付产品研发、资本运作、销售渠道等工作，广告制作也都全权交给广告公司去做，而对软文方面根本不重视。

当下是一个全媒体全营销的时代，网络媒体与移动终端大规模崛起，媒体融合大潮愈演愈烈。随着营销平台的不断整合，各种信息以秒为单位迅速传达到世界各地，这也迫使营销者重新了解和掌握受众的真实需求，整合重聚已有的营销资源，以达到市场占有的最佳效果。深入人心的品牌需要全媒体全营销全覆盖。

4. 为顾客创造价值

只有拥有合理、高效的企业架构和专注于目标的团队，才能为客户创造最大的价值。

客户是企业最重要的资产，客户价值是企业最核心的价值。

所谓客户价值，包含三个方面：

第一方面是从客户角度出发，即客户从企业的产品和服务中得到的需求的满足。

第二方面是从企业角度出发，即企业从客户的购买中所实现的企业收益。

第三方面是基于企业与客户双方的，即企业和客户互为价值感受主体和价值感受客体的价值交换。

而第一方面的内容是首要的，也就是为客户创造价值是最重要的，它是另外两个方面的基础。为客户创造价值，就是为目标客户提供能满足其需求并能让客户满意和忠诚的产品或服务，而且这个产品或服务是能够代表企业个性的，为客户创造的价值包括产品和服务对客户的经济价值、功能价值和心理价值。

星巴克通过征求顾客的意见加强顾客关系，比如，每个星期总部的项目领导人都当众宣读顾客意见反馈卡。当星巴克准备把新品发展为一种品牌时，顾客关系是星巴克考虑的首要因素。他们发现：顾客们会建议将新品改良为另一品种，顾客们能够看到一种新产品或服务与星巴克品牌的核心实质的关系——所以，星巴克的成功并不在于其咖啡品质的优异，围绕顾客价值向顾客传递星巴克文化才是星巴克制胜的不二法宝。

> 正如一位跨国公司的营销总裁所说："如果你能为客户创造价值，客户就会打开大门欢迎你。"从市场运作的层面来说，为客户创造价值是世界级公司的成功法则。

中金在线的《价值链与创新链的高度融合》一文中提到，通用公司以管理闻名于世，它是如何利用通用公司宝贵的管理经验帮助客户成功的呢？通用通过"ACFC"活动免费为客户进行六西格玛的咨询、培训、实施辅导，取得了明显的成效，这些客户因此与通用的金融部门建立了战略伙伴关系。

世界500强之一的瑞典利乐公司，在中国奉行的经营理念是：与客户共同成长。利乐针对中国产业链下游"软件"环境差的状况，在营销上与下游厂商结成战略合作伙伴关系，输出了企业文化、管理模式、运营理念、营销思想、市场运作方法，为合作伙伴培养人才。在此过程中，利乐利用优势资源全方位解决客户存在的问题，改变了合作伙伴的软环境。在相互的市场努力下，实现了共赢。

那么，如何才能为客户创造最大价值呢？如图6-3所示。

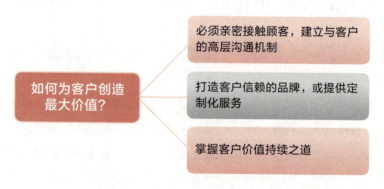

图6-3 如何为客户创造最大价值

首先，必须亲密接触顾客，建立与客户的高层沟通机制。失败的品牌各有各的原因，成功的品牌却都有一个共同点，那就是对顾客心理透析得清清楚楚，获悉他们内心的渴求，找到进入顾客情感需求的切入点，并能够提供合适的产品和服务去满足这些需求，与顾客达成了心灵的共鸣。毛主席曾经教导我们："要到群众中去，了解人民的疾苦。"其实，透析顾客的心理也要如此，只有到市场中去，深入到顾客中间，并与他们亲密地接触，才能获悉他们内心世界的所思所想。所以建立与客户的高层沟通机制是非常必要的。

通用公司的CEO伊梅尔达说他50%的时间用于与客户交流。现在，随着电子商务的发展，有的企业营销主管与客户接触的时间变得越来越少，这是非常危险的。

其次，打造客户信赖的品牌。客户可以通过使用和显示某一特定品牌而发现价值，如标有莱卡面料标记的服装就更让时尚女性认同，劳力士、万宝龙、奔驰也都标示着顾客非凡的品位和身份地位，好的设计和用户体验也能够更好地满足顾客的情感诉求。

同时，也可提供定制化服务。马云在2016杭州·云栖大会的演讲中，提到"新制造"这一概念。他说："过去的制造，过去的二三十年，制造讲究规模化、标准化，未来的30年制造讲究的是智慧化、个性化和定制化。"不同的顾客有不同的需求，企业要打动顾客的心，就要进行市场细分和客户细分，根据顾客的要求及时组织生产和销售。定制化服务让客户参与制作与定制，我们要让客户变得聪明与主动，要让他们在爽歪歪的定制与制作过程中真正地体验到当家做主的感觉。

最后，要掌握客户价值持续之道。有时候，客户满足不等于客户满意，我们必须要让客户满意，并且要完成让客户从满意到忠诚的飞跃。忠诚客户才是企业利润的主要来源。

【故事：三碗不同的水】

丰臣秀吉有一次带着随从外出打猎，由于天气炎热，大家口渴难当，这时他们路过一座寺庙，丰臣秀吉便带着随从进寺讨茶。

恰巧这天寺中只剩一个小和尚，小和尚为每人用大碗倒了满满一碗冷水，武士们个个一饮而尽，说道："真好喝，请再来一碗。"

第二碗水端来了，这次却只有半碗，而且有些微热，大家依然一饮而尽，连声说："好，请再来一碗。"

这次小和尚端来的是小茶盏，他斟满了热腾腾的香茶。

武士们只顾品茶，只有丰臣秀吉看出了小和尚的智慧——三碗不同的水，实际上是针对饮者的不同需要而来的。于是他说服小和尚做了自己的侍从。这个小和尚名叫石田三成，后来也成了一位著名的将军。

小和尚非常巧妙地抓住了客人们由浅入深、由低级到高级的需求，最后为自己赢得了最大的赞赏。

第四部分

价值创造

　　在经济发展新常态下，企业要想存活，要发展得长远，无论是做大还是做强，关键在于企业的科学发展，在于把握价值创造。

　　企业吸取资本产生价值裂变的前提也在于价值创造。

　　何谓价值创造？从政治经济学角度来看，马克思认为，价值是凝结在商品中的无差别的人类劳动。确切地说，只有生产性的活劳动创造价值，其他劳动不创造价值。从企业经营角度来讲，价值创造是指企业生产、供应满足目标客户需求的产品或服务的一系列业务活动及其成本结构。

　　经济学家许小年把价值创造阐述得更加直接明了，他给出了两个定义："第一，你为客户提供了新的产品和服务，客户可以是企业或者个人消费者。第二，你可以提供现有产品和服务，但是你的成本更低，从而价格更低，通俗点讲，为客户省钱了，你就为他们创造了价值。"企业创造了价值，才能持续地赚钱，如果没有创造价值，今天赚了钱，明天可能就不赚钱了。

第七章

团队与专注

点石成金

Singleness of purpose is one of the chief essentials for success in life, no matter what may be one's aim.

一心一意是成功的关键之一，不管你的目标为何。

1. 企业化结构设计

一个专注于目标的团队需要一个合理的企业架构来支撑。

我们的企业要做成符合上市公司的标准，就必须两条线齐头并进，一条线是市场运作，一条线是资本运作。那么，依照这个目标，我们可以倒推设计出相应的企业结构设计，为这个目标上的两条线服务。

因此，在整个企业构架中，包含了资本运作和市场运作两个层面的含义。以公司 CEO 为中线，中线以上的股东层为资本运作层面，中线以下的执行层则为市场运作层面，如图 7-1 所示。

在资本运作层面，要有股东大会、董事会、与董事会平行的监事会，董事会内部要设立专门委员会。上市公司架构的特殊要求就在于，董事会要有 1/3 以上的成员是独立董事，还要有董事会秘书、证券事务部门和内部审计部门。

董事会下是总经理或 CEO，负责采购、生产、销售、财务等各个具体的业务部门，即市场运作层面的执行层，只要符合公司的实际生产经营需要就可以了。同时，子公司的机构应列入母公司的业务部门。

图7-1　企业经营结构图

上市公司治理结构如下：

股东（大）会：享有法律法规和企业章程规定的合法权利，依法行使企业经营方针、筹资、投资、利润分配等重大事项的表决权。

董事会：对股东（大）会负责，依法行使企业的经营决策权。

监事会：对股东（大）会负责，监督企业董事、经理和其他高级管理人员依法履行职责。

经理层：负责组织实施股东（大）会、董事会决议事项，主持企业的生产经营管理工作。

2. 企业文化与团队

　　企业构架是为企业的经营管理活动服务的，而企业的经营管理活动最终会形成企业的文化。如果说企业构架是一个公司的骨架，那么企业文化就是一个公司的灵魂。

　　通俗地说，企业文化就是在没有行政命令、也没有制度安排的情况下，企业默认的做事风格。举例来说，当领导没有要求加班的情况下，员工习惯于主动加班是企业文化；当项目明显需要加班的情况下，员工习惯于不加班，也是企业文化；员工天天聚在一起背后骂公司，这是企业文化，员工经常向领导汇报整个团队的配合情况、员工心理状况，也是企业文化；员工开会时互相踢皮球、善于提出问题而不是解决方案是企业文化；默默地搞定所有的难题，也是企业文化。

　　从某种意义上讲，企业文化是企业整体效能和素质的综合体现。谈企业文化不能脱离企业的经营管理。经营管理与企业文化是因果关系，而非并列关系。经营管理的特色，决定了企业文化的特色。甚至可以说企业文化的风格就是企业经营管理的风格。

> 企业经营管理得好，会产生好的企业文化；企业经营管理得不好，就会产生不好的企业文化。

富士康和 Google 的企业文化是截然不同的。

富士康是一家制造业企业，靠的是海量的劳动力达成的标准化、重复化的生产。现代劳动力密集型制造业是高度流水线化、高度标准化的生产模式。因此对于富士康而言，员工的纪律性、服从性、抗压性等要素是最重要的，对于这家公司而言，值得提倡的行为就是严守纪律、服从命令。一切都应该标准化、流程化，这样才能达成生产效率的最大化、生产瑕疵的最小化。

而 Google 则恰恰相反。Google 极大地依赖人本身的创造力、依赖各种新的 idea 的实现，从而拓展 Google 在互联网各个领域里的触角，并以此来为自己积累用户、建立门槛和相应的商业模式。因此，Google 需要鼓励员工天马行空地思考，并将这些思考转化为工作中具体的行动和最终的产出。在这里，不按常理出牌常常是值得鼓励的，在富士康，则是必须严厉禁止的。

什么样的行为是值得鼓励的，取决于这个行为的结果是否符合该企业的价值观。也就是说，企业文化的核心内容即价值观存在于企业对"人"的管理思想之中，即"以人为本"。

首先，老板的素质高低和价值取向决定了企业文化的高度。如果你想打造的企业文化，和你的价值观不同，那么就很难实现。比方说，你只把员工当作剥削工具，那么就不太可能形成以人为本的企业文化，即使你搭建外企一般的企业福利薪酬体系，员工也不会认为公司人性化。

其次，员工是企业文化的最终载体，一家公司需要什么样的人，招募什么样的人，很大程度上既决定了这个企业对企业文化的期望，又最终决定了这家企业的企业文化的最终走向。

不同行业对人才有不同的需求，会形成不同的企业文化。高盛和 Google 都是各自所在行业中的顶尖公司，都雇用在各自领域里最优秀的人才，但它们的招聘标准显然是不一致的。相信大家都能用几个不同的关键词来描述这两者的不同，前者是"高效、专业、野心勃勃、势利、高执行力、精明"，而后者则是"好奇心、专注、用户导向"。

不过，就算是在同一个行业里，企业文化的差异可能也是非常巨大的，例如腾讯与阿里巴巴，它们在很多领域都彼此竞争，但是这两家公司的招募标准并不一致，企业文化更是大为不同，从马化腾和马云的个人特质来看，这些差异就不难解释了。

同时，对"人"的管理，还体现在公司的各项制度中。以人力资源管理中的工薪制度为例。如果一个企业的各级组织中，工薪档次拉得很大，差距甚至达到数十倍。那么，该企业一定奉行典型的"精英主义"；反之，如果该企业中工薪档次相差不是很大，那么，该企业应该是重视"团队精神"的。再以福利制度为例，如果企业重视职工福利，对员工有高度负责的精神，那么，该企业就不是唯利是图的短视企业，一定重视其存在于社会之中的价值；反之，如果企业为追求利润而使员工个个苦哈哈的，甚至置员工的生死于不顾，那么，你就不要指望该企业会对社会负什么责任，其产品和品牌的可信度也必然大打折扣。

最后，对"人"的管理必须上升到一个更高的层面——团队管理，如图7-2所示。在加强企业文化建设的过程中，关键之一就是要培养企业的团队精神。

图7-2 企业文化建设

团队精神主要表现在以下几个方面：

第一，在团队与其成员之间的关系方面，团队精神表现为团队的强烈归属感与一体感。

第二，在团队成员之间的关系上，团队精神表现为成员间的相互协作及共为一体。

第三，在团队成员对团队事务的态度上，团队精神表现为团队成员对团队事务的尽心尽力。

团队可改善员工与企业关系，由原先"支薪型"关系变成"共同型"关系，员工不再以只干一份工，只出一份力，只拿一份薪水为唯一目的，员工的精神状态由"离散型"转变成"聚集型"，如图 7-3 所示。

员工与企业关系："支薪型"→"共同型"

员工精神状态："离散型"→"聚集型"

图7-3　员工与企业关系的改善

而由"离散型"转变成"聚集型"，关键在于"唯有参与，才有认同"。

许多组织都有一个最根本的问题，就是成员并不认同集体的大目标，反而常常出现个人目标与企业目标背道而驰的情形。另外，不少企业的薪金制度与其标榜的理想并不符合。

所以在制定企业的使命宣言时，一定要调查有多少人参与，又有多少人知道它的存在，并且真正认同与奉行它。唯有参与，才有认同，这个原则值得强调再强调。

小孩子或新进人员很容易接受父母与企业加诸其上的观念，但长大成人或熟悉环境后，就会产生独立意志，要求参与其中。如果没有全体成员的参与，就很难激发向心力与热忱。所以，企业应开诚布公，不厌其烦地广征意见，订立全体共有的使命宣言。

3. 全心全意只做一件事

对于一个创业团队来说，每天都有很多让他们分心的事——无意义的琐事或从客户那里得来的好点子，这些也许会让你的事业偏离轨道。

比钱更有价值的是时间。转移你的注意力会使你的创业团队变得平庸，或让竞争对手追上你的脚步。所以，必须让你的团队全心全意只做一件事。

一旦你的公司进入正轨行驶，你会发现操心的不是产品，而是要参加的活动，像是结交人脉、招聘合适的人才。你得每天运营公司，组建一支团队——同时让你的品牌具有知名度和独特之处，创造用户喜爱的产品。

要想让你的团队全心全意做好一件事，你需要学会说不。举个例子，你的客户告诉你想要一些其他功能，你知道这些功能也是有需求的，但能做不意味着你就要做。

如果你按照客户的想法去做了，这会导致你的工作能量转移，主要产品就不会做得很棒而只能算是不错。但如果你珍惜时间，专注于一件主要产品，那你会意识到这对你有多大作用。以开发 App 为例，不是产品功能多就更受用户欢迎，要真正抓住用户想要的东西，然后做到极致，才能开发出受用户欢迎的 App。虽然是技多不压身，但也要术业有专攻。

> 什么都做但什么都做得一般，不如全心全意只做一件事，并把它做好。

那些专注于做好一件事的初创公司们往往会获得成功，而风险投资家们往往会看中创业公司的未来，并对该公司的竞争对手、用户做出评估，而创业者们也要分清你的初创公司是聚焦于功能、产品还是商业。

风险投资人是如何鉴定哪些投资是有回报的呢？如何确定等待了数年之后投资终会开始盈利呢？他们在做这些决定时哪些因素是他们所看重的呢？

通常情况下，风险投资人都会告诉创业者们"就做一件事，但要把它做好"。社交图片应用 Instagram（照片墙）是一个被经常引用的成功范例，Instagram就只做一件事，那就是移动照片分享。Instagram 的前身 Burbn（因创始人凯文·斯特罗爱喝波本威士忌而命名）公司的关闭就是因为其创业者感到 Burbn 业务繁多背离了其成立初衷。该公司为消费者提供了范围广阔的功能，包括基于地理位置的签到以及社交活动安排等。Instagram CEO 凯文·希斯特罗姆曾表示："只有我们聚焦于一件事，并把它真正做成功时，我们才有可能走得更远。"事实上，Instagram 如今的市值已经达到了 10 亿美元。

创业其实很简单，让你的创业公司只做一件事。

那么，应该如何定义并鉴别出这"一件事"呢？它的功能特点到底在哪儿？是一个产品吗？投资者看重的是它的哪项盈利能力呢？

这些问题的答案就是，投资者经常会自己描绘出这些创业公司与他人的不同之处。Twitter 不就是 Facebook 发布状态的一个功能吗？ Facebook 在地理位置应用 Foursquare 推出一年之后于 2010 年推出类似应用 Places。那么Foursquare 还能算得上是一个特殊功能吗？

风险投资公司 Benchmark Capital 高级合伙人比尔·格利曾宣称云储存应用 Dropbox 将会成为一个"大的干扰"，因为该团队"解决了一个难题，将文档同步变得如此简单"，但和乔布斯阵营的人们一样，他认为文档同步只是一个功能而不是产品。格利也因这一言论收到了大众的批评之声。来自 Scale Venture Partners 风险投资公司的罗里·奥德里斯科尔却站在格利这一边，他表明为 Dropbox 贴上功能标签应该被视作一种赞扬。"要想在软件行业获得成功，就应该从做好一个功能开始。你至少应该能帮助用户解决好一个问题。"目前，

Dropbox 市值已经在 40 亿美元左右。

> 既然以专注为核心宗旨，要全心全意只做一件事，那我们每周就得问问自己："我们可以减少业务范围吗？我们能够更专注一些吗？对于我们目前着手的项目，它们是否符合我们之前的目标设定？客户会不会觉得还不够简洁？"

对任务有一个清晰的描述真的很重要。如果任务清晰，公司的项目就可以自行调整，而不是全都得在你的掌控下。团队成员可以自己发现问题，解决问题。

要记住使你的创业公司与众不同，因为机会随时都会到来。不要因为构造太多产品或太多功能导致自己的实力变弱。记得要保持专注，让自己与众不同。

4. 专注成就未来

一支专注于目标的团队才能成就未来。

从客观上说，建设专注团队的方法是让团队为共同目标而协调一致，这样其他的一切才能水到渠成。团队不是单纯为了成立而成立——它的存在是为了完成某项工作。团结在一个共同的目标下，要比团结在一个人周围容易得多。每个成员都必须清楚团队的目标，团队才能有效发挥作用。作为一个团队建立者，如果你能从这个框架入手，关于人际关系的对话就会积极有效，并以致力于完成工作的共同承诺为基础。

所以，作为团队领导者，你必须首先了解最重要的优先事项是什么，只有这样你才能知道团队的工作要如何配合这一目标。

然后，团队应该针对每个人的职能或能力制订一份任务明细列表，言简意赅地指出团队成员需要在什么时间完成哪些工作，并达成什么效果。它将帮助团队成员保持专注，帮助整个团队与公司沟通，协商优先事项和资源。如果无法就自己需要合作完成的任务列出一份重点突出的清单，团队就无法做到专注，成员们就会像无头苍蝇那样乱飞，或者各干各的，各不相干。

然而，并非确定了清晰而准确的目标，团队就能全心全意地去完成它。从主观上说，你还必须同时做好团队成员的心理建设。

一个好的团队领导者，不仅要会做事，更要会做人。

在信息时代，经济的发展更大程度上是由服务所推动的。这种由服务所推动的经济，最重要的因素是人。一个正能量的团队，将在工作中拥有毫不动摇的决心。

一个拥有正能量的团队是怎么样的？这个团队里的每一个人在内心深处都认同团队的愿景、使命以及价值观，因"对共同理想的承诺"而建立起牢不可破的团队情谊。他们热爱学习，接受并提出反馈，为了改进团队而分享他们的经验与资源。

这听起来很完善，但问题是，激励员工全心全意地投入工作的动力，究竟从哪里来？正能量也许是使团队达到最高水平的最重要因素。

> 你得关注团队里的每一个人，并且创造一个好的团队环境。

你必须了解每个人面对不同的环境时做出的不同反应。你得知道什么样的条件可以深深地吸引他们，并让他们变得活跃。也就是说，你得知道是什么能够让团队成员迫切地想要参与进来，又是什么会让他们感到反感，从而导致他们离开或者不再积极参与。你要创造一些积极正面的因素，而尽量消除消极的因素。因此，你要创造一个好的团队环境。

这样的团队环境一定要充满养分，或者至少要有这样的趋势。这和花草茂密生长需要好的环境没什么不同。在这样的环境里，你的团队成员有足够的安全感，这样才能激发他们内心正能量的一面。

遗憾的是，很多团队领导者只是对他的团队成员发出了"快点成长"的命令，并责怪那些没能实现职业成长的员工。

如果把成功的团队建设者与私利追逐者置于两端，形成一条光谱，如图 7-4 所示，那么，光谱的一端是成功的团队建设者，另一端则是私利追逐者。大量的事例证明，成功的团队建设者打造了一支拥有正能量、做事高效的团队，而私利追逐者却很少成功。

成功的团队建设者努力地培养团队成员。他们帮助团队成员进步或学会新技

图7-4 不同类型的团队领导者光谱

能。他们是顾问、教练，一直心系团队，把团队的宏观蓝图（团队的使命、愿景、价值与战略）装在心中，并确定努力的方向，思考如何帮助自己以及其他团队成员成长。

私利追逐者也希望团队能够成功，但他们是"不论好坏，沉浮全靠自己"原则的忠实信奉者。他们关注的主要是自己个人的目标，他们也许会比别人先达到自己的目标。他们也会盯着团队的蓝图，但那只是为了确认他们下一步应该往哪里走。当私利追逐者管理团队时，团队的积极性就会降低。

某公司里有两名经理，分别姓张和王。张经理是一位负责生产的高级经理，他在这个职位上，一直运用着自己不变的工作风格：粗鲁、暴躁、威胁。张经理认为他的团队跑得太慢，只有通过"鞭打"才能获得期望的结果。后来确实如他所愿，张经理得到了升迁。但是，好景不长，他团队里的员工动力全无，开始打电话请病假，整个团队怨声载道。因为张经理的团队虽然提高了效率，但这却是由员工心头的恐惧所驱使的，而不是发自内心的正能量所驱使的。这种由恐惧驱使的动机无法持续，张经理只能不断地增强恐惧感和胁迫力度来维持团队的工作业绩。团队里的那根弦越绷越紧，终究会断的。

王经理是另一位负责生产的高级经理，他非常善于倾听团队成员的想法，因此大家都很喜欢他。他总是征求团队成员的意见，并且反馈了很多信息，让团队成员了解当前的工作进展。最重要的是，王经理很公平，对错分明，当员工出现重大错误的时候，他会毫不犹豫地直接提出批评，让其意识到自己正在犯错误，然后就会及时进行调整。王经理完全做到了对事不对人，从不粗暴地当众批评，而是机智地、有原则地予以纠正。犯了错误的员工从王经理的办公室出来时，他们总觉得自己犯的错误很值，因为他们从中吸取了重要的教训，而且受到了王经理的尊重。

王经理也从来不会说类似"你应该学学张三""李四从不会让客户等待的时间超过5分钟"之类的话。我们都喜欢自己的明星员工，我们也想让其他员工向明星员工看齐。其实员工都知道明星员工有什么优点，也知道自己应该学习明星员工。但是这并不意味着所有人都喜欢被拿来与其他人进行比较。王经理会依据每个员工的优点和缺点来衡量员工的表现，还对每一个员工制定统一、公平的标准。如果一定要比较，王经理会拿这个标准来和员工做比较，而不是在员工之间互相比较。

很显然，涉及怎么对待、评价别人的时候，张经理是一个私利追逐者，而王经理是一个成功的团队建设者。张经理认为，他必须不断地"鞭笞"他人，以达到最终的目的；而王经理知道，通过表扬、培训、指导，更容易实现目标，因为当员工对自己的团队产生归属感时，便会迸发出无限的正能量。

【故事：目标一致才能活下去】

相传，在古希腊时期的塞浦路斯，曾经有一座城堡里关着7个小矮人，传说他们是因为受到了可怕咒语的诅咒，才被关到这个与世隔绝的地方。他们住在一间潮湿的地下室里，找不到任何人帮忙，没有粮食，没有水。这7个小矮人越来越绝望。阿基米德是小矮人中第一个受到守护神雅典娜托梦的。雅典娜告诉他，在这个城堡里，除了他们待的那间房间外，其他的25个房间里，一个房间里有一些蜂蜜和水，够他们维持一段时间，而在另外的24个房间里有石头，其中有240块玫瑰红的灵石，收集到这240块灵石，并把它们排成一个圆圈的形状，可怕的咒语就会解除，他们就能逃离厄运，重归自己的家园。

第二天，阿基米德迫不及待地把这个梦告诉了其他6个伙伴。其中4个人都不愿意相信，只有爱丽丝和苏格拉底愿意和他一起努力。开始的几天里，爱丽丝想先去找些木材生火，这样既能取暖又能让房间里有些光线；苏格拉底想先去找那个有食物的房间；阿基米德想快点把240块灵石找齐，好快点解除咒语。3个人无法统一意见，于是决定各找各的，但几天下来，3个人都没有成果，反而筋疲力尽，更让其他4个人取笑不已。

但是3个人没有放弃，失败让他们意识到应该团结起来。他们决定，先找火种，再找吃的，最后大家一起找灵石。正是因为大家统一了目标，3个人很快在左边第二个房间里找到了大量的蜂蜜和水。

温饱的希望改变了其他4个人的想法。他们后悔自己开始时的愚蠢，并主动要求和阿基米德他们一起寻找灵石，解除那可恨的咒语。

最后，小矮人们胜利了。

第八章

模式与路线

点石成金

The important thing in life is to have a great aim , and the determination to attain it.

人生重要的事情就是确定一个伟大的目标，并决心实现它。

1. 新资本商业模式

所有的商业模式只要能回答三个问题，它就是一个好的商业模式：一是企业向其客户提供什么价值；二是通过提供价值，企业如何盈利；三是为了达到以上两点，企业如何整合其内部和外部资源。

在今天这个快速创新的时代里，任何一家企业都无法依靠单一的创新（如产品创新）获得成功，一家企业要想真正成功必须依靠商业模式的创新。

在互联网经济时代，商业模式的创新需要资本运营作为主要动力，为企业的转型或升级插上腾飞的翅膀，让企业变得值钱。

那么，赚钱的公司就一定值钱吗？什么是资本眼中的好公司？互联网时代如何重塑企业的商业模式？如何用好的商业模式搭上资本快车道？这一切问题的答案，都直指新资本商业模式。

什么是新资本商业模式？

如果说商业模式是"赚钱"模式，那么，新资本商业模式就是"值钱"模式，也就是能够吸引资本进来的商业模式，如图 8-1 所示。

图8-1　传统商业模式与新资本商业模式

　　所有的企业都是需要赚钱的，哪怕是一个很有钱的公司也不例外。在资本眼里，"赚钱"并非指"现金流充足"，而是"充满想象力"。任何企业都需要赚钱，但在资本眼里，正在赚钱的公司不一定就值钱。资本视角里真正有价值的公司，叫作"值钱的公司"，值钱的公司不一定赚钱。值钱公司的衡量标准并非现金流，而是数据带来的无限想象力。

　　以苹果公司为例。苹果公司是当今全球市值极高的公司，但它的市盈率却不及微软和谷歌，更是远远低于亚马逊，相差 14 倍。因为在华尔街的眼里，苹果公司就是卖硬件的，具备的只是"赚钱"模式。截至 2017 年 9 月，苹果公司的市值是 8523 亿美元，微软的市值是 5752 亿美元，然而苹果公司 17 左右的市盈率，远低于微软 27 左右的市盈率。单纯看估值数字本来十分可观，可是亚马逊全年亏本，其市值仍达 4692 亿美元，市盈率却有 242 之高。这就是资本市场的力量。在资本的眼里，亚马逊具备的是"值钱"模式。

　　由此，我们可以看到，由于资本的逐利本质，它更青睐于那些"值钱"的商业模式。并非说资本市场看重市盈率，而是说它看市盈率背后所代表的市场潜力和护城河。亚马逊正在砸钱做护城河，重新塑造零售市场，它的大数据和配送物流都在尝试，而且并没有遇到真正的竞争对手。亚马逊的一贯风格是在市场还有潜力的时候，愿意让别人看到它还没盈利，基金经理们也乐见这种企业，表示还在烧钱攻占市场。而苹果公司已经形成闭环独霸市场了，看不到新的潜力，原有的市场也被安卓试图夺取。

　　想要知道什么叫作值钱的公司，只需了解下风险投资的退出路径就很清楚了。资本通过股权投资的方式放大企业价值，加速企业成长，最终通过上市或并购的手段实现资本的增值。大家可以从自己炒股的经验思考一下，你会投资一个未来市场空间只有 100 万元的公司，还是会投资一个未来市场空间 100 亿元的公司？

> 值钱的公司要不断地讲故事、创造新的想象力，失去了想象力，就失去了一切。资本眼中的值钱的公司，是具有无限想象力的公司。

那么，如何让一个公司在赚钱上更值钱？第一步在于以终为始的全局战略，先构想公司的愿景和格局，而模式的创新在于"复制"加"改良"，在这个裂变的时代，资本思维和互联网思维及各种新思维的融合才是王道。

你的创业公司要想吸引资本进入，首先就得了解资本喜欢什么样的商业模式，什么样的商业模式才能让你的公司更值钱。

值钱的商业模式有以下特征，如图8-2所示。

图8-2 值钱的商业模式的特征

第一，可持续获得巨大的现金流。

企业通过精准的价值实现"今天收明天的钱"，"更早收钱，更晚付钱"，利用更多的金融工具提升现金流价值。现金是公司的血液，而经营性现金流是唯一属于自己的健康血液。其他如资本性现金流和融资性现金流，固然可以输入企业维持其生命，但毕竟不是经营性现金流，不具有健康的造血机制，早晚会绷断。

值钱的模式一开始选择路径的时候，最好选择"有钱的市场"和"有钱的用户"。找到合适的市场后，用一种简单低价的方式获取现金流，如果交易的整个链条内，不存在巨大的流量，从公司角度来讲，就会陷入非常尴尬的境地。比如墨迹天气，用户数量巨大，但这个市场里就是没钱，人们看天气是刚需，但在这个市场里没有消费，所以一直到现在它都还在寻找变现的方式。

值钱的公司是基于市场份额的想象力的，资本的注入是为了放大企业被低估的价值。大家可以看到，滴滴从打车这个入口圈到了大量司机和乘客，然后到快车、租车、代驾、买车甚至飞机路线，最终必将会走上造车路线。基于车的市场就是滴滴的价值所在，滴滴现在烧钱不重要，因为总会赚回来，这也是资本不断追逐它的原因。

红星美凯龙是一个家具城，但你只看到了表面。其实红星美凯龙现在有三个身份：第一个是零售公司，就是卖家具的；第二个是地产公司，类似麦当劳，占地为王，收租金；第三个就是金融公司，准确点叫类金融公司。红星美凯龙卖家具可以获得源源不断的现金流，而且不用马上给客户付费，它可以延迟三个月，用这三个月的钱去做房地产和金融投资。所以，红星美凯龙是一个类地产公司、类金融公司，最后才是零售公司，醉翁之意不在酒。大家从这个层面就可以看出来，它的商业模式最根本的特征就是基于一个巨大的现金流。

第二，拥有关键资源和能力。

商业模式的本质是一种资源与能力的集合体，没有资源与能力的支持，再优秀的商业模式创意也只能是空中楼阁。没有不能复制的商业模式，只有不能获得的"独占／稀缺性资源"和不能瞬间掌握的系统性能力。只有依托于关键资源能力构建的商业模式，才能具有"暂时不可复制性"，获得相对竞争优势和较好的经营收益，避免很快陷入同质化竞争激烈的"红海"。

第三，具有可复制的标准化流程。

比如，第一家餐厅，拥有优秀主厨，两个月就实现了盈利；第二家餐厅，没有厨师，却花费百万研究标准流程，一年还不赚钱。在资本眼里，第一种叫作很快能赚钱的公司，第二种是有价值的公司，因为第二种扩张起来更快、成本更低。

中国上市的服装企业有四十几家，但是90%以上都是男装。为什么男装可以做大而女装很难？因为男装每一年的款式几乎都是一样的，这样就可以年复一年地去复制、去标准化、去做大。而女装每一年的款式都不一样，无法复制、无法标准化。

同理，什么样的医院可以做大？没有医生的医院可以做大。"体检中心""康复中心"没有医生只有护士，它们可以用三流的人才创造一流的财富。

2. 明确企业的核心价值

在粉丝为王的时代，商业模式的核心价值在于你能否为用户创造价值。

> 商业模式并非是一成不变的，它必须随着市场反应或不同阶段不断进行调整，然而，不管怎么变，都必须围绕一个核心来设计，那就是为用户创造价值。

阿里巴巴布置它的生态效应，支付、银行、电影、保险，每个行业都有所介入，这样形成八爪鱼后，阿里巴巴还是一个电商公司吗？可能不是了，但它也不是多元化公司，而是"同心圆"公司，而圆心就是用户群和大数据。阿里巴巴明白，它最核心的价值就在于，不管介入哪一个行业，它都能够利用它的大数据来为几亿用户群创造最大的价值。

谷歌从一开始就为用户提供免费的搜索服务，由此建立了一个庞大的用户群。正是基于如此的免费服务，初步为免费用户创造了价值，它才能更进一步利用Overture（一款搜索引擎）的付费点击来为广告客户提供付费点击服务，从而为自己、为客户创造了最大的价值。

Overture创造的付费点击模式，的确为广告客户创造了商业价值，但是Overture作为寄生于搜索引擎的企业，却并没有为用户创造价值。反而是谷歌将搜索引擎的用户价值和 Overture 的付费点击模式完美地结合在一起。

所以，在互联网经济时代，创业者一定得知道商业模式的核心到底是什么，因为没有用户价值，就没有商业价值。

3. 打造可持续复制的战略

商业模式设计好了，核心价值也明确了，但要实现真正的规模化扩张，必须进行自我可持续的复制战略，而企业实现自我可复制的基础就是标准化。这也是标准化的首要价值。只有实现了标准化，才能站在之前的基础上实现持续改进优化，实现积累式增长，建立企业持续发展的系统能力。

建立标准化，必须首先创新一个样板出来，进行区域示范。这个样板必须是可复制的，才能有利于融入资本进行标准化扩张。

> 标准化的意思就是：复杂的事情简单化，简单的事情重复做。重复很重要，重复意味着"可复制"。

"远明品牌"博主郭远明的《从区域走向全国：样板复制，打造生态圈》一文中，阐述了如何打造可复制的样板示范，如图8-3所示。

首先，制定标准。

有一整套标准体系的终端才有可能最终树立起真正的品牌，企业需要在经营过程中，向不同的品牌、竞争对手、行业经验不断学习，总结和提炼出标准。很多大品牌制作的员工手册、市场推广手册、连锁加盟手册等资料，都是为了规范实际操

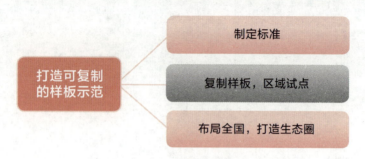

图8-3 打造可复制的样板示范

作过程中涉及的流程、文件和标准，资料规定得越是详尽、标准越是清晰可衡量，各个终端就越是能保持一致性。

　　这里所说的标准必须是能够明确呈现出来的文字、图片和视频，必须是融合了自己经营特点的经验总结，必须涵盖企业在创业过程中所形成的精神内核。

其次，复制样板，区域试点。

　　任何成功的商业模式都应该是可以复制的，否则它将成为不可持续的个案式存在。像麦当劳、星巴克、沃尔玛这些国际性的知名品牌能够开遍全球，一个很重要的原因就在于它们具有可以复制的成功模式，可以通过制定相应的标准和管理体系，在全球范围内不断建立自己的终端网络，从而成为具有影响力的跨国性组织。

　　第一家店作为样板店打造成功以后，它是否可复制需要通过一些区域试点来验证。如果在其他区域试点也同样成功，那就说明自己建立的标准体系、自己总结的理论经验是正确的和可行的，可以向全国推广复制。

　　作为如今本土快餐知名品牌的真功夫，它正是在建立了自己的标准之后，通过样板打造，才最终成为全国餐饮连锁的大咖。

最后，布局全国，打造生态圈。

　　在搭好平台、夯实基础、复制样板之后，全国布局之路也就可以逐步进行了。

大体可以分为三个阶段：

在只有一家终端店的时候，需要注重业务上的提升，一对一地提高客户满意度。

在成功发展成区域连锁之后，需要在标准制定、品牌打造和管理上下功夫，这一阶段容易遭遇瓶颈，可以通过跨界合作、拓宽渠道等方式提高市场占有率。

在走向全国市场的时候，需要把更多精力花在品牌宣传和管理上。随着业务的不断扩大，引进一些先进的管理设备和软件成为必需。

企业发展得越大，它的模式和理念就越发重要。食品巨头中粮集团提出的从田间到餐桌的"全产业链"概念，成为集团发展中的重要指导思想；科技行业则更注重生态圈的建设，阿里巴巴、腾讯、小米、华为全都在往这个方向走，不过因为处于生态圈核心的那家企业的不同而产生了不同的生态模式。

4. 获取资本能量

　　现在资本市场盛行企业和项目路演，在中小企业融资过程中，路演是一件非常重要的事情，一旦获得投资人的青睐，就能帮助你的公司腾飞；相反，如果搞砸了路演，你的创业想法可能就永远无法实现了。

　　路演是一项系统工程，这个过程需要企业做好充足的准备，包括商业计划书的制作、演讲人的挑选、路演场合的匹配选择等。

　　在投资人面前，你的路演时间往往只有不到5分钟，而创业大赛项目的路演时间甚至更少，只有3分钟左右。研究表明，人集中注意力聆听的最佳时长大约是8分钟，超过这个时间，注意力就会下降。

> 所以，怎样才能在短短的8分钟甚至更少的时间里说服你的投资人？最重要的不是你的项目品质，而是你路演的技巧。

　　首先，你要准备好一份适当的商业计划书和路演PPT。

　　商业计划书是对自己企业的梳理。很多企业家，在交流过程中夸夸其谈，对自己的企业非常清楚，当落实到商业计划书上时，逻辑往往是混乱的，很多东西需要慢慢梳理。所以说一份适当的商业计划书不只是给投资人看的，还是给企业家自己看的，通过一份商业计划书梳理企业的过去、现在、未来是非常有必要的。

路演 PPT 必须精而简，一般以简单明了的图表、数据表达，再配一些简短的标题或关键词等文字作为总结或强调。千万不可写着密密麻麻的大段文字，照本宣科。更多东西需要演讲人在路演的时候表达出来，而不是写在 PPT 上让投资人费劲地去看。

> 用详细的数据，明确告诉投资人你所在行业的发展趋势、你和竞争对手的对比优势、你的历史财务情况和未来几年的盈利预测等。

在讲故事中融入数据说明，会更直接，效果更好。如果你的企业过去几年有很高的成长，那直接放上分析图表，图表中的增长趋势可能立刻就引起投资人的兴趣了。

其次，掌握好你的演讲时间和节奏。

时间非常重要，你路演的时间越少，效果反而会更好。有几个要点：

如果你觉得某个 PPT "只要花几分钟"，那么就压缩在一分钟之内。

如果你被投资人告知，"只有几分钟的路演时间"，那么就至少要把时间压缩到五分钟之内。

如果你说"下面是最后一件事儿"或是类似的话，那么请确保这真的是最后一件要说的事儿。

掌握好节奏，不要急急忙忙收尾。最好的路演时间，大概是你说 10 分钟，如果投资人真的感兴趣，他们会问问题，如果他们不感兴趣，其实相当于你解救了他们。

最关键的是，你要知道投资人最看重什么。

怎么在最短的时间内吸引投资人的注意，并让他们的注意力持续保持到最后？

> 在这里，你第一个要想明白的问题是：当你去给投资人展示你的商业计划时，他们最想要的是什么？他们最看重的是什么？答案是人！

其实在整个路演过程中，就是要你说服投资者，你就是这个他们即将投资的创业者，会帮助他们赚到更多的回报。那你应该怎么去说服他们呢？你不能上去就跟人家说，我是一个很棒的人，你来投资我吧。在你融资路演的短短几分钟里，你要让投资者认为你是一个可投资的人。

一个可投资的人要具备什么样的特质？最重要的是诚实，投资人更愿意在一个诚实的人身上下注。其次是激情，创业者就是要抛弃其他东西，去开始一个新的世界，而且会把自己的心血倾注到这个新世界中。所以你一定要传播激情。如果你对你自己的公司没有激情，其他人怎么会对它有激情？如果你对你自己的公司没有激情，别人怎么会投钱到你的公司？

还有经验、专业知识、运营能力、领导力、坚持、视野、踏实和谦逊等特质都是投资人所看重的。

那么，你如何在几分钟里传递这十件事，又不至于说太多话？你要在整个演说过程中不动声色地传达这些信息。

> 路演演讲的头三分钟是黄金三分钟，如果你不能在三分钟之内迅速吸引投资人的注意力，接下来的演讲恐怕很难达到你想要的效果。

把你的演说当成一个时间轴，这个时间轴从你进门的那一刻开始，要让你的演讲快速升温，像个火箭一样开始。投资者在此之前对你一无所知，你要带动他们的情绪，所有的演说都要带动人们的情绪，并持续到演说结束。

这个时候，你要把路演变成讲故事。

讲故事的方式非常能够抓住听者的关注，这是得到过论证的。此外，这种方式也能让你的路演变得难忘。

投资人其实并不喜欢幻灯片、估值、数字之类的，如果他们想要那些信息，绝对可以不会吹灰之力就搞定。所以，在投资人面前不要班门弄斧，你可以告诉他们自己的创业故事，每个人都喜欢听好故事，即便是最看重数据的投资人也不例外。

所以，讲一个你的故事，表述清楚。你的重点是要引起投资人的关注，让他们愿意为你投钱，达到这个目的就可以。

如何生动、清楚地表述你的故事？如图8-4所示。

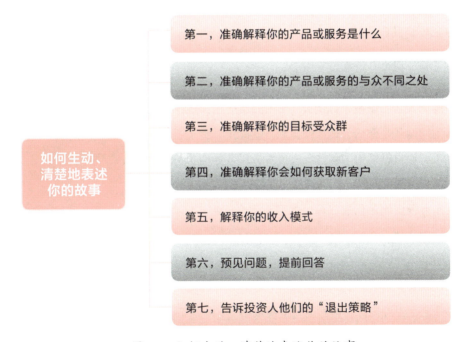

图8-4 如何生动、清楚地表述你的故事

第一，准确解释你的产品或服务是什么。

不要只给投资人"画大饼"，要给他们展示一个实实在在的产品。

这里要注意的是，不要过分解释你的产品特性，投资人最关心的其实是你的产品如何能赚到钱。如果你了解这一点，就能很容易地从投资人那里拿到钱。

第二，准确解释你的产品或服务的与众不同之处。

如果你无法制造或提供一些与众不同的产品或服务，最好不要去路演了，赶紧回去再好好钻研下，设计出更好的东西。

第三，准确解释你的目标受众群。

尝试利用人口特征和心理特征来定位你的客户，给投资人展示一些客户数据，会更有说服力。

第四，准确解释你会如何获取新客户。

公司是否能获得成功，主要归功于营销。如果你有一个营销理念、方法或技术，请告诉投资人。相反，如果你有一款很好的产品，但是却无法销售出去，那么你也不会获得投资人的青睐。投资人需要看到的是一个无懈可击的营销策略，它能够让你的产品上市。

第五，解释你的收入模式。

投资人之所以投资你的公司，无非是希望得到回报。因此路演中投资人问得最多的问题就是你的公司如何盈利。实际上，他们是在询问你的收入模式。所以，请准确解释自己采用了哪些收入模式，以及如何执行这些模式。

第六，预见问题，提前回答。

如果投资人对你感兴趣，他们肯定会问很多问题，因此要提前对可能问到的问题心中有数。

如果你能回答一些非常棘手的问题，那么无疑可以从另一方面展示你的能力，投资人其实非常喜欢看到这一点。

第七，告诉投资人他们的"退出策略"。

一个杀手级的融资路演，最重要的就是向投资人展示"退出策略"。实际上很多初创公司都会忽略这个问题，投资关注的是在短时间内能赚到钱，但是"短时间"是多久呢？通常五年是个比较保险的时间范围。之后你需要做的，就是告诉投资人如何在五年之内赚到钱。

而所谓的"退出策略"，就是未来你是否会上市？会被收购？还是会授权连锁？在回答这些问题之前，都要做好准备，比如未来你公司的销售收入或估值可能会达到多少。投资人往往希望得到更多回报，而不是获得一些边际收益，毕竟，谁不想躺在一艘大游艇上退休呢？

【故事：变通的力量】

A 问 H：“我有 5000 万元在银行存着，现在不能动它，可是我又想做点事情，怎么办？”

H 说：“你能把这 5000 万元的存单给我吗？名字不变。”A 说可以。

H 拿到存单后，找到了 B，B 帮 H 拿这个存单到中国香港做抵押，贷出 5000 万元。中国香港的贷款利率比较低。H 拿着这 5000 万元到意大利去找 C，并给 A 买了个酒庄，还在意大利申请到两个以上的移民资格。买了酒庄以后，C 把酒庄抵押给意大利银行贷出 5000 万元，贷款利率比中国香港还低。H 拿这 5000 万元买了红酒和橄榄油运回国内，交给 A 去卖。结果 5000 万元的商品卖了 8000 万元，赚到了 3000 万元（利率忽略未计）。剩余的 5000 万元从中国香港拿回了存单，又去意大利赎回了酒庄。

到最后 A 得到了什么？他的 5000 万元未动分毫，就得到 3000 万元的利润、一个酒庄，外加两个移民的机会。

这就是资本的神奇力量。

第五部分

商业定位

　　创业者要学会全局思维，以终为始，利用自己的资源和资本来创造产品价值，知道自己要做什么，应该做什么样的好产品。

　　也许你会说你有好产品就能称霸天下。然而，真的是光有好产品就够了吗？劳斯莱斯是世界顶级的超豪华轿车厂商，可是它亏钱，因为成本太高了。

　　那究竟什么才是好产品？能产生最大产品价值的产品才是好产品。也就是说，对企业来说，卖这个产品赚取了大利润，对客户来说，最大限度地满足了他的需求和梦想，这样的产品才是好产品。

第九章

定位与产品

点石成金

We improve ourselves by victories over ourselves. There must be contests, and we must win.

我们通过战胜自己来改进自我。那里一定有竞赛，我们一定要赢！

1. 核心价值定位

你的产品应该如何做核心价值的定位？

首先，我们要了解产品的构成。产品由载体和功能两部分构成。功能就是用户想要的好处，载体就是表现的方式。比如感冒凉茶，防治感冒是它的功能，凉茶是载体。

选择产品载体的时候，应该考虑高频、重复、高大上这三个原则，也就是高频率、重复使用、看起来高端大气上档次。高频率、重复使用的好处是，你只要开发一次市场，用户就会高频率重复使用，产品自动就有了回头率。同时，因为客户都喜欢看起来漂亮的东西，所以在外观上要看起来高端大气上档次。有时候，增加 10% 的包装费，可以提高 100% 的定价。

产品功能和概念在包装开发的时候，应该考虑广普、畅销、高价值这几个因素，也就是市场受众广阔、广泛被人接受认可的畅销概念、高附加值。

所以，开发畅销产品，按照产品的构成概念，首先进行产品的核心价值定位。

我们说过，一切以人为本。产品是卖给客户的，**首先就要锁定目标客户**。选定自己的目标客户，决定为哪些人服务。**其次是锁定客户梦想**。其实卖产品的本质就是，要么解决问题，要么实现梦想。要直击客户的终极梦想，就要学会给客户描绘蓝图。

你需要一个畅销主题来为你的蓝图增添色彩。**怎么找到畅销的主题？** 可以参考两个地方：一个是其他的畅销产品，另一个是搜索引擎。

所有的创新都是旧瓶装新酒或者新瓶装旧酒，能够真正新瓶装新酒的很少。也就是说，在旧的架构体系里加上自己原创的东西，就是创新；或者同样的主题用在不同的载体上，就成了新产品。

互联网给了我们一个全方位、多角度搜索信息的工具，大数据出来了，像百度指数、百度风云榜、谷歌趋势这些工具，只要有关键词检索就可以查看哪些关键词搜索量大。

所以，做产品定位，要做什么样的产品，不需要闭门造车，不用自己凭空想象。放眼望去，那些销量过几十亿元、上百亿元的产品，它们本身就已经畅销了。换句话说，它们的概念和功能已经被市场检验，被大众认可了，直接拿来用就好了。只要把这些畅销的概念和功能，从这些畅销的产品身上提取下来，转换到另一个载体上，就成了一个新品类。

然而，几乎每个伟大的企业，都有自己的明星产品，也就是招牌菜。还有一些伟大的企业，只用一个单品打天下，如可口可乐、百事可乐、脑白金、王老吉，它们卖点聚焦、个性鲜明、价值独到。

这就是聚焦的力量。

如何才能打造出爆品？ 先要找到自己的位置，要明白只做什么和不做什么，做什么才有将来，不做什么将来才更加广阔。确切地说，要围绕三点：自己的优势、用户的需求、对手的空缺，这就是自己的位置所在。

腾讯公司用一款 QQ 打天下，利用超 8 亿的用户数，建立了一个持续挖掘用户终身价值的平台，先后上马很多项目来变现用户价值：QQ 邮箱、企业 QQ、QQ 游戏、QQ 音乐、QQ 空间……这些项目让腾讯公司赚得盆盈钵满。

苹果公司也不仅仅是卖手机赚钱，而是用爆品，建立一条条通道，通道建成以后，加上水就是自来水公司、加上电就是国家电网、加上油就是中石油。2011年的数据分析显示，苹果软件商店总共贡献了 141 亿美元的营收。

由此可见，**最赚钱的模式就是利用爆品打造终生价值平台。**

所以，我们给产品做核心价值定位，应该考虑到它的爆品效应及其打造终生价值平台的能力。

2. 打造强势产品

产品最终要上升到品牌，才能体现出产品的最大价值。打造品牌时，要关注品牌四因子：品类、品相、品质、品位，如图9-1所示。

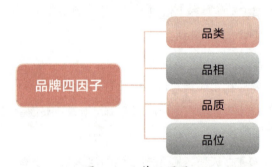

图9-1　品牌四因子

第一，品类。

很多人知道世界第一高峰是珠穆朗玛峰，大部分人不知道第二高峰是哪个。做品牌也一样，要开创一个全新的品类，那么你的品牌一面世就是第一品牌。要做新品类的开创者，而不要做品类的追随者。

卖水，屈臣氏卖的是纯净水，农夫山泉卖的是山泉水，名仁卖的是苏打水，水里加点糖叫可乐，卖到了世界500强，那么，有人在水里加点果汁，这就有了汇源果汁。

当你成为新品类的创立者时，你就是第一名。用新品类来开发市场，每一个新品类的诞生都会掠夺旧的市场。最好用新品类来切老市场，因为老市场已经有很多用户了，新品类会带给客户全新的价值。比如，京东就开创了在互联网上卖家电的新渠道。

第二，品相。

品相是品牌的卖相，要先把产品的颜值做好，毕竟客户是先通过包装来认识产品的内涵的。一个品牌的包装能给客户留下独特的印象，例如：VI（Visual Identity，即视觉识别系统）、配色、配图、材料、外观感受等，应该给客户留下美好的印象和联想。

第三，品质。

品质是品牌的最大价值诉求，是最大的价值主张。品牌的最大诉求必须戳中客户的痛点，挠中客户的痒点，激起客户的爽点。

比如，飘柔的关键词是柔顺，海飞丝的关键词是去屑，潘婷的关键词是营养护发。

你要了解你的竞争对手的诉求是什么，并且和他们进行区分隔离，你的产品重新命名之后就是新的。

必须关注用户最关心的东西，用户买的是一种结果、一种利益，行为背后一定有动机，动机后面一定有利益，客户为利益买单。所以，要对客户的需求做价值分拆，再做排序，找到投票最多的那一项，然后就是牺牲，选择这个就放弃那样，拆完之后，精心定义一下客户的诉求，一旦找到最佳位置，就不要做改变，久而久之就在客户心中建立起了品牌。

第四，品位。

现在的客户越来越挑剔了，不光吃肉还要喝汤，不光喝汤还要闻香。吃肉指的是品质，满足基本功能诉求；喝汤指的是服务好，满足附加诉求；而闻香，已经超越这两个层面，直接进入客户的精神世界，触及灵魂了。

这就涉及品牌故事和品牌内涵了。必须打造属于自己的品牌故事，用故事去传递独特的品牌文化，把品牌浓缩成一个主张、一个精神符号，用品牌故事传递出去。

LV、爱马仕这些奢侈品为什么卖得这么好？因为它们的品牌故事好，它们代表的是一种高品位的精神符号，把它们穿戴在身上是一种身份不凡的高品位价值观。

那么，如何打造一个让人尖叫的好产品？要到很小的鱼塘里，钓最饥饿的鱼。

首先，我们要明白，一个所谓的好产品未必可以找到好市场。但是如果先找到很好的销售市场，再找到适合这个市场的商品来填充，那就可以稳稳当当地赚钱了。

如何找到一个好市场？——看人们想要什么！

举个例子，假设你今天卖药，把别人的感冒治好了，你要收 10 万元，别人肯定不愿意；但是如果你治好的是对方的癌症呢？对方会觉得 10 万元贵吗？不会，因为生命是无价的。

所以，暴利项目开发的关键是什么？了解人们的快乐与痛苦，感知人们的烦恼与不快，明白人们的渴望和追求，从中找出人们最愿意为之付钱并付大价钱的需求——你就找到了暴利的项目。

那么，在选择产品的时候，可以按照以下四个标准进行选品，如图 9-2 所示。

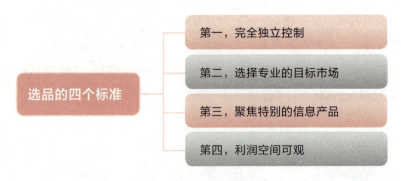

图9-2 选择产品的四个标准

第九章 定位与产品

第一，完全独立控制。你需要对你正在销售的产品拥有完全的控制权。这意味着你不能购买那些广泛地出售给任何人的产品，你的产品必须是你能够独立掌控的。换句话说，如果顾客可以从任何别的渠道得到你的产品，他为什么要从你的手里买？所以，你要从源头上掌控产品。

第二，选择专业的目标市场。在选择目标市场的时候，你应该思考你过去和现在的职业。如果你喜欢钓鱼，你应该成为热心钓鱼的人；如果你收藏邮票，你的目标市场应该是集邮爱好者；如果你已经成功销售过保险，你的目标市场应该是保险销售人员；如果你是一名设计师，你的目标市场应该是其他设计师；如果你拥有一个赚钱的网站，你的目标市场应该是打算在网上赚钱的人们。

第三，聚焦特别的信息产品。信息产品可以是电子书、DVD、讲座、网站、软件等，在这个世界上没有其他任何行业的产品比信息产品的成本更低。

选择信息产品的好处有很多：低成本、高额利润、开发周期短、变现速度快、有利于打造个人品牌、提升知名度……

同时，"特别的"意味着信息产品是专门的、适合的。如果你的目标市场是"保险营销人员"，那么你应该打算销售一套不为人知的迅速开发高质量保户秘诀的 DVD，而不是开发所有类型的顾客，或者更糟糕，开发关于如何卖汽车、卖房子的 DVD，要到很小的鱼塘里钓饥饿的鱼。

优先选择专业市场，是因为那里的人们能够而且愿意为专门的入门信息花额外的费用。如果你能够合理地将价值附加到你的信息产品上，就会得到最大的利润。

第四，利润空间可观。在这里，我们建议售卖具有很大利润空间的高价信息产品，加价 5~8 倍是赚取利润绝对必不可少的要点。你可能认为你能通过出售廉价的物品来赚取更多钱，因为你会薄利多销。事实并非如此。

在一个专业市场，你仅仅能在一个合理的营销成本范围内说服一定比例的人。当你出售指南时，这类比例并不会因为低廉的价格而不断扩大。销售 100 元和 1000 元的产品几乎要花费同样的努力，但是利润却差别很大。

3. 完善成交系统

打篮球所有的努力都是为了最后的投篮，做营销所有的布局都是为了最终成交这个环节：收钱，持续收钱！

整个成交系统分三个部分：预售、发售和追售，如图 9-3 所示。

预售

预售原本是指在产品还没正式进入市场之前进行的销售行为。现在"预售"被用到了正式成交之前和客户建立关系上，成为保障成交率的一种手段。

> 当你通过多渠道吸引来大量粉丝之后，你要让他们信赖你、喜欢你。怎么做得到？"养粉"。

在粉丝时代，名单就是收款单，数据库就是大金库。过去有些人专门卖名单，他手里拥有几亿个客户名单，卖给别人赚了几千几万块钱，然而别人拿着他的名单却能赚几千万几亿的钱。同样的名单，为什么差距这么大？因为卖名单的人从来不养粉，也就是说这几亿个名单上的人都不认识他，也没发生过任何沟通，对他而言，这些名单只是一堆冷冰冰的数字而已。而别人买到他的名单后会"养

图9-3 成交系统

粉"，产生活生生的、彼此热烈的交往，持久的互动才有后续的关系产生。

这个事情就好比一个男生要了一个美女的电话，但他既不发信息，也不打电话约美女，甚至从来不联系，那么可想而知，后面发生关系的概率几乎为零。

那么，如何"养粉"？

跟你的粉丝保持高频率的良性沟通，同时每次沟通一定要为对方贡献价值。这里面有两个关键词：高频率、高价值。

预售有四大法则：吸引法则、预设法则、预热法则、互动法则。

一是吸引法则：不卖而卖，不销而销。

要去吸引客户，不要向客户推销！

通过吸引客户，你永远不用担心被拒绝，更不用担心没面子。前面的工作做完，你只需要运用漏斗思维模式即可，让客户自己动，而你按兵不动，姜太公稳坐钓鱼台，愿者上钩。这里的关键是，绝对不去主动推销。

这个世界上有太多人只想着自己要什么，只知道自己要什么，却不知道对方想要什么，所以他们无法吸引客户。其实，人就是被自己想要的好处驾驭了，这就是人性的弱点。

所以，当你找到客户想要的好处时，当你掌握了一个人渴望的东西时，其实你已经征服了这个人，因为他无法对自己渴望的东西说不。

钓鱼，就需要"鱼饵"，那么鱼饵是否能够让你想要的鱼喜欢，就成了关键。

二是预设法则：借力使力不费力，借脑用脑没烦恼。

在传达真正想传达的信息之前，先做好预设的铺垫。人都有先入为主的惯性思维，预先铺设的信息可以将对方引向你想要的方向，那么，当你表达真正想要传达的信息时，就会有神助般的效果了。

比如，在你的朋友老王进来之前，你告诉另一个朋友老李，说老王是亿万富翁；或者说老王刚从监狱中放出来，具有很强的攻击性。当老李看到老王时，他会如何反应？

这就是为什么在嘉宾上场之前，主持人要对嘉宾做隆重介绍，或是放嘉宾的宣传片的原因。

预设法则的关键就在于抓住"先入为主"的思维弱点。

三是预热法则：没有前戏，成交没戏。

预热的关键在于提前预告，在对方头脑中预先设置一个悬念，勾起对方的好奇心和热情。你再继续发出后续的内容，他就会很惦记，总想着有这么一回事，从而引起他的关注和留意。

预热是让客户提前进入成交的前戏状态。你可以预先造势，提醒对方注意，例如在朋友圈和微信好友中分组群发：明天中午 12 点有一条重要的信息要发给你。然后，客户在心里就会悬疑、期待，知道有这么一个事。之后你再给他发送几次内容预告，引发他的好奇心。等你最后揭开谜底的时候，就可以守株待兔，等客户主动找你的时候就是已经准备好了，要和你成交。你只需说两句话：第一句，你的选择是对的。第二句，你准备如何付款？

四是互动法则：互动产生交情，交情产生交易。

成交是从一开始的陌生人，到慢慢知道和了解，产生信任，最后成为你的客户的一个互动的过程。

太多人想第一次就成交客户，这是不明智的。一个完全陌生的客户，在接触你 5 次以上后，才有可能成交，有的客户甚至超过了 21 次。

所以，你要增加"接触方式"和"接触次数"。这个接触就是互动。无互动，不成交。

以下 7 个互动步骤，客户只要跟你走过其中 4 步，基本上都能成交。

第一，让对方好奇，利益前置，用勾魂技术让对方好奇，给他一个理由；

第二，让对方受益，互惠心理，用审核方法，直接给对方一些高价值的资讯，给对方一个架构；

第三，让对方行动，用承诺一致心理，给他一个理由，给他一个体验；

第四，让对方帮你，让对方完成一个毫不费力就很容易做到的简单动作来帮你，给他一个强化，只要对方帮你，就能让对方信你；

第五，让对方失眠，让他情绪波动，给他一个画面、一个蓝图、一个未来成功的清晰场景，给他一个标准；

第六，让对方划算，用对比法，让对方有占大便宜的感觉；

第七，让对方求你，给他一个门槛，让他情绪波动。

发售

经过前面的预售阶段，接下来就要进入正式的发售阶段了。这才是整个成交系统的高潮部分。

发售阶段的成功与否，关键在于成交密码。

你会发现，拨错电话号码就接不通，输错密码就打不开密码箱，同理，在成交时，客户的购买有其内在的密码，这关乎人性，关乎行为的触发点。

> 人们买的不只是产品，还有最终呈现出来的交易条件。没有不能被成交的客户，只有不够好的条件。

当你使用以下的成交密码后，你会发现那些软弱、蹩脚、无力、乞讨式的交易条件，会瞬间变得强大起来。

成交密码1：渴望。

客户牙痛，怎么办？忍一忍。牙很痛，怎么办？决定去看医生。结果等到第二天，睡了一晚上，牙不痛了，怎么办？那就不看医生了。这就是人性。

> 人只有在出现问题、渴望得到解决的时候，才会去真正行动。

在某个很冷的冬天，一辆运货大车匆匆赶路，凌晨六点多经过湖南衡阳107国道。突然，大车压上了一块钢板，钢板上有一排铁钉，轮胎压在上面，爆胎了。大车老板十分着急，这时天刚蒙蒙亮，又前不着村后不着店，不知如何是好。

就在这时，一个穿绿色军大衣的中年男人走了过来，问他："需要帮忙吗？"

大车老板看到有人过来甚是高兴，但看到对方手里提着工具箱时，他就明白了个中原委。他问修车师傅修补轮胎要多少钱。

果然，对方开价 500 元，平常在别处通常只收 100 元。但是没办法，前不着村后不着店，眼前就这一个修车师傅，大车还要赶路，大车老板只好 500 元成交。

我想大家都明白，包括那个大车老板也明白，导致爆胎的铁钉就是那个修车师傅故意放在那儿的，他在守株待兔呢。从道德上来说，我们要谴责这种行为，但是我们可以换一个角度去看这个问题：这个修车师傅不光是解决问题的高手，更是制造问题的高手，他激发起你要解决问题的渴望，因为没有问题他的解决方案就卖不动了。

成交密码 2：绝望。

经过前面的渴望，你好不容易激发出客户的需求，结果他却买了别人的产品，时常会有客户货比三家。

> 如果条条大道通罗马，他凭什么要走你的道？你要让他意识到，哪条路都不通，你要摧毁他的选择，让他无能为力没得挑选。

根据人性解码器原理，我们发现客户按照次序分别有四个选择：第一，保持现状；第二，改变自我；第三，寻求帮助；第四，只能买你。你以为客户愿意把血汗钱给你吗？他当然不愿意，都是被逼的。因此你要摧毁客户的前三个选择，把他逼到绝路上，只有在这个时候，你出来拯救他，他才只能接受你。

我们前面用"渴望"来摧毁客户的第一个选择，这里就用"绝望"来摧毁后两个选择。

成交密码 3：希望。

希望是人们前进的终极动力源泉。

在影片《出埃及记》里，摩西带着被法老奴役了四百多年的希伯来人后裔们出埃及的时候，众人已经不知道故乡是什么样子，很多人已经失去了希望。摩西告诉众人，我要带你们回到的故乡，是流着蜂蜜和牛奶的地方！

讲述梦想，讲述希望，需要一张蓝图，一张清晰可见、生动饱满的蓝图，它会是对方心中的梦中情人。

成交密码 4：独特买点。

当你把客户的需求唤醒后，客户很有可能会去买竞争对手的产品。尽管我们已经使用了"绝望"的撒手锏，但是你仍要告诉对方，你能带给他独一无二的利益——我们称之为独特买点。

> "独特"意味着你的产品或服务具备与众不同的个性，跟别人不一样。
> "买点"意味着你的产品或服务具有轰动性价值，之所以称为"买点"而非"卖点"，还意味着你要站在买家角度来思考，而不是站在卖家角度思考。

多年前，两个兄弟决定开一个小公司，利用公司的赢利供他们自己读完大学。起初，公司并不成功，一个兄弟退出，将股份让给了另一个兄弟。余下的这个兄弟最终为企业找到了一个独特买点，让自己成为了百万富翁，并引发了他所在行业的一场彻底变革。

他的独特买点是什么？"30 分钟之内，将热气腾腾的比萨饼送到你手上，否则免费！"因为这个强大的独特买点，这家公司在比萨行业快速增长，并且占据了统治地位。这家公司就是今天被大众熟知的达美乐比萨。

成交密码 5：信任。

今天，如果你做出任何免费或打折的促销组合，消费者都会在心里说："忽悠，继续忽悠！天下没有白吃的午餐，哪里有真正的免费呢？这里面一定有陷阱。"或者说："说是半价销售，还不是先把原价提高，然后再打折卖罢了，全是骗人的。"如果你使用证人，他们就会说那是托儿，更加不信任你。

那么，该如何让客户相信你呢？

一个年轻的律师对他的老板保证："我认为我们已经有足够的证据来打赢这场官司了。"结果老板有些发怒，他"啪"地拍了一下桌子，大声对年轻律师说："永远不要在只有足够证据的时候把我送到法官面前。"他又使劲地拍了下白板，"我要的是这个！"他在白板上写下了几个字：压倒性证据！

当你给客户介绍产品时，也要拿出压倒性证据来。

> 如果你的产品被媒体正面报道过，展示给客户看；如果你的产品是政府指定采购的产品，展示给客户看；如果你的产品曾经热卖 10 万件，展示给客户看；如果你的产品被权威部门机构提名或认证过，展示给客户看……如果你的产品有大量满意用户，展示给客户看。

更重要的是由谁来说。别人的评价要比你自己的评价有可信度。当你自己说的时候，那只是一个声明。当你的满意客户对你做出同样评价的时候，那就是一个事实。

建立信任有三个步骤：

第一步，我的核心价值——自我介绍。

第二步，很多牛的人都说我很牛——权威推荐。

第三步，跟我混的客户现在都很牛——客户见证。

成交密码 6：报价。

报价有四大技术，连在一起用，会产生不可思议的效果。

第一，价值报价法。先不讲价格，而是跟对方确认你带给他的价值。

第二，下降报价法。开始报价的时候，要从一个很高的价格开始，从高往低报。

第三，分拆报价法。把你的定价分拆到客户使用的每一天或者受益的每一次中，大数怕拆，拆完就成小数了。

第四，对比报价法。把你的价格跟同行中最贵的比，或者跟客户由于没有使用你的产品而带来的后果比较，客户比完就觉得便宜了。

成交密码 7：支付。

对你来说最好的收钱方式莫过于收现金，因为人看到现金时通常内心无比舒爽。可是，人最难受的事情莫过于看到现金流失，他的内心会无比痛苦。客户付款的时候心里要痛三次：掏钱的时候痛一次，把钱给你的时候再痛一次，看到你在数他的钱的时候又痛一次。所以，相比之下，刷卡就不那么难受了，因为只要痛一次就行了。

你还可以设置分期付款、按揭的方式，这样对方会更舒服一些。

还可以边受益边付款，或先受益后付款。比如，我知道你肚子饿了，想吃馒头，假定你要吃 5 个馒头才能饱，那么我就先免费给你 2 个馒头吃。当你觉得很好吃，很对胃口，还想吃饱时，我会卖给你余下的 3 个馒头，而这时你通常是无法抗拒成交的。

成交密码 8：交付。

支付是他给你钱，交付是你给他价值。交付绝不是简单地只给客户产品或者服务，客户感兴趣的不是这个，而是通过使用你的产品和服务最终带给他的结果。

客户很关心钱给了你以后，你的价值什么时候兑现。你要根据产品的表现，预告给客户他什么时候能得到什么结果。是当场得到结果，还是分期得到不同的结果，你都要告诉客户。

成交密码9：保证。

要想提高成交率，你还要提供一个让客户绝不后悔的承诺——要知道，99%不成交的客户是怕自己会后悔。很多时候，客户心里对你的价值塑造还是有疑惑的，他会担心万一你说的和做的不一致，他怎么能保证他的利益？这个时候，你要通过这个承诺让他能够安下心来，放心把钱掏给你。这就意味着你要帮他解除风险，转移风险，甚至由你来帮他承担风险。如果你做到了，你就真正永久性地赢得了这个客户。

多年前，淘宝网刚刚兴起的时候，大家对于网上购物纷纷表示疑虑，万一买来的东西货不对版怎么办？能不能退货，万一对方不肯退货怎么办？后来，听说支付宝是第三方支付，也就是说，你买东西付给卖家的钱并不是直接付给卖家，而是先付给支付宝，等你收到货验收没问题后，支付宝才把钱付给卖家。如果出现问题要退货，支付宝会把钱退给你，你就不用担心卖家耍赖不给你退钱了。就是这样，由于支付宝的存在解除了买家的风险，大家都乐意在网上购物了。

【故事：他真正想要什么】

有一个富翁，一个人住着一栋豪宅。他年纪大了，想回到老家居住，与其他老人一起打打牌，下下棋，心灵上有个伴。于是他想把这栋豪宅卖掉。

很多有钱人都看上了这栋豪宅，来看房的、报价的络绎不绝。

有一天，一个年轻人来看房，看完房子后连连称赞。富翁问他："你决定要购买吗？你想出多少钱？"

年轻人对老人家说："是的，我很想购买这栋房子，但是我只有1000英镑。"

富翁心想："那我怎么可能卖给你？"

年轻人思考了一会儿，跟富翁说："我真的非常想买这栋房子。我们能商量另一个购买方案吗？"

富翁说："你说说你的方案。"

年轻人说："我愿意把我的 1000 英镑都给你。你把房子卖给我。同时,我想邀请你一起居住在这个房子里。你不需要搬出去。而我,会把你当爷爷一样看待,照顾你,陪伴你。"

年轻人接着说："你把房子卖给其他人,你得到的只是一些钱,而钱对你来说已经可有可无,你足够富有。你把房子卖给我,你将收获的是愉悦的晚年,一个孝顺的孙子,一家人其乐融融的温情。将来我还要你见证我的婚礼,见证我的宝宝出生,让他陪着你,逗你笑。你可以选择获得一些可有可无的钱,也可以选择获得一个温情无比的家,一个快乐的晚年。"

富翁静静地听着他的讲述,眼前的这个小伙子如此真诚,目光坚定,他在等待着自己做出选择。钱,他这辈子赚够了,追逐金钱也让他疲惫了,快乐才是他想要的。

3 天后,富翁把房子卖给了这个年轻人,他们快乐地生活到了一起。

这位富翁真正想要的是什么?你的客户真正想要的是什么呢?读懂客户的内心,才能走近客户。

用心与客户交往,与客户成为"知音",才能与客户轻松地保持关系,客户也才会愿意在你这里消费。

当然,从这个故事里也可以看出,这个小伙子非常善于利用自己独有的价值——陪伴,你是否发现,原本你认为自己一无所有,平凡普通的你,只要懂得挖掘自己的价值,善用自己的优点,一样可以在梦想的豪宅里生活。

追售

一个企业 90% 的收益通常来自老客户的持续购买,放大客户的终身价值就变得至关重要。所谓客户终身价值,就是一个客户跟你做一辈子生意能为你贡献的价值。

如何增加客户终身价值?增加客户购买年限、增加客户每年消费次数、增加客户每次消费金额,然后将这三方面内容,通过一系列的追售来完成。

追售技术一：惯性。

使用这项技术，你可以在客户成交时多讲一句话，客户消费金额会立刻当场增加。惯性追售有三个关键：时机、理由和奖励。最佳追售时机就是客户刚成交的一刹那，错过这个时机，效果就会差很多。人们在行为上都是有惯性的，成交也不例外。当他还没有成交的时候，他心里还没有说服自己跟你买东西，一旦他已经掏钱，表示他心里已经把自己说服了，把握这个关键时机，你可以比较容易地促成下一笔交易。你可以给他一个再买一单的理由，并且给他一个奖励来激发他的行动。

比如，客户今天在美容院买了一瓶 100 元的日霜，交钱的一刹那，你马上对她说："王姐，夏天到了，外面天气那么热，很容易晒出色斑来，为什么不给自己顺便再买瓶防晒霜呢？要是今天你连防晒霜一起买，两样东西我给你打八折，相当于省下 40 块钱。"那么，很多客户通常会额外再加买一支防晒霜。

追售技术二：向上。

向上追售是通过加量或者加价的方式让客户买得多。当客户买了一样商品的时候，你可以告诉客户"买三送一"，或者"买十只打八折"；你还可以利用加价的方式，鼓励对方买更高版本或者更高配置的产品。

追售技术三：交叉。

互补交叉追售就是把功能关联互补的产品、服务都打包在一起销售。如果客户买西装你可以把衬衣、领带一起打包卖给客户；如果客户买车，可以把汽车保险、汽车装饰、汽车保养、代办牌照等统统打包卖给他。

捆绑交叉追售则是把功能上不相关的产品强行捆绑在一起打包出售。例如，把畅销产品和积压货捆绑在一起打折出售；或者把同一群客户使用的不同产品捆绑在一起，比如婚纱照和蜜月旅行，两个不同的行业都有同一群客户，就可以捆绑在一起卖给客户。

追售技术四：锁定。

先把客户一年甚至更长时间的钱收回来，再慢慢地给他产品和服务。你的现金流会变得很稳定，你不仅培养了客户消费你销售的产品的习惯，而且客户忠诚度会变得很高，最起码在这段时间里他不会跑到竞争对手那里去。

可以通过出售打折卡、储值卡、为客户办理包年业务、鼓励客户签订长年采购合同等方式来锁定你的客户。

追售技术五：合营。

合营追售可以让你从老客户身上挖掘出比现在多 100 倍的利润。

很多创业者一辈子都只卖自己行业的商品，而完全没有考虑从顾客身上获取其他价值——当然，这不是鼓励创业者多元化经营，这与多元化经营是有本质区别的。

有一家药店，大约有 1 万名记录在案的顾客，这些顾客都喜欢、信任这家药店的老板，因为他长期为这些顾客提供优质的服务。然而，药店老板从来没有开发过这种"信赖"资产，用它来达成光明正大的双赢交易。跟其他大多数商人一样，药店老板没有认识到，虽然他的生意是"出售药品"，但同时，他的顾客也会购买很多其他东西，比如衣物干洗服务、日常食品杂货、汽车、保险等。

只要药店老板使用"推荐式促销"，就可以为这些商家带来很多生意，而他也会从中受益。也就是说，当他推荐自己的顾客去另一家既专业、信誉又好的商家消费时，他就可以从那些商家所获取的新增利润里，得到一定比例的回报。

讲完了追售技术，下面我们来说一下追售频率和原理。

追售的频率可分为定时追售和不定时追售。定时追售有瞬时追售、24 小时追售、满意期追售、使用临近期追售等。不定时追售有节假日追售、新品上市追售、库存处理追售等。

追售原理是什么呢？先讲一个故事。

兔子去钓鱼，头一天没钓到，很恼火；第二天没有钓到，很沮丧；第三天还是没有钓到，很郁闷，兔子低着头正要回家，结果鱼跃出水面大吼："兔子，明天你要是还拿胡萝卜来钓我，我就拿尾巴拍你！"

这个故事告诉我们的是不要把焦点放在自己身上，要放在客户身上。不要说他能给我多少钱，要问自己能给他多少价值。只有当你把焦点放在这里的时候，客户才愿意主动交钱，你才能够赚到钱。

> 追售最根本的目的不是赚钱，而是为客户贡献价值。因为你的追售完全是为他定制的，是他最想要的。

20 世纪 60 年代中期，日本宝物玩具公司推出了"丽卡娃娃"。这种玩具娃娃有一点极为与众不同——由于该公司考虑到顾客不可能连续买多个"丽卡娃娃"，于是它杜撰出了不同的"丽卡"简历，分别配套推出了每个娃娃的"父母"和"朋友"，为每一个娃娃塑造出一种生动的家庭背景和气氛。同时，它还开展了替换服装的配套服务，并为小朋友安排了一系列免费参观和游艺活动。由此，宝物玩具公司紧紧抓住了一批又一批小朋友的心，使"丽卡娃娃"30 年间在日本玩具销售中一直雄踞榜首。

"丽卡娃娃"在日本长期销售不衰的关键原因就在于经营者深深懂得整体导入的追售原理，通过巧妙地把孤立的产品有机地配套起来，或者对同类产品循序渐进地进行深度开发，创造出"产品链"，使顾客产生连锁消费心理，一旦购买了"链"中的一种产品，便会步步深入，不断成为回头客，由一次性顾客变成长久性顾客。

4. 建立营销渠道

在商品营销的过程中，会有很多来自各种各样渠道的顾客，那么，要做好渠道营销，就得首先了解各个渠道的特点，了解哪些渠道可以重点开发。对于渠道营销来说，不同的行业，甚至同行业不同的产品在不同的地区都有差异，甚至差异还很大。但是，有些东西是相通的，我们称之为共性原则。下面我们将说到一些相通的营销渠道，如图 9-4 所示。

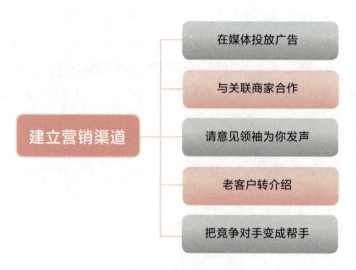

图9-4 建立营销渠道

在媒体投放广告

对于创业公司来说，在大媒体投放品牌广告要谨慎。品牌广告没有明确特定需求，也就是说不是为了卖货，只是为了露露脸，刷刷存在感，而这需要大把广告费，是用钱砸出来的。所以，创业公司投媒体广告，永远不要在没有看到钱的情况下烧掉你的钱，要确保你的广告都是投入在百分之百见到钱的地方再来投资。

创业公司应该更多地投入直线营销广告。直线营销广告与品牌广告不同的是，营销活动一开展，就能看到直接、立刻的效果和收益，能马上看到钱。对于创业公司来说，能马上变现是最重要的。所以，创业公司更适合做直线营销。也就是做直接有效的沟通，化繁为简的营销。

> 直线营销的广告不能像品牌广告一样空洞泛泛，必须有一个具体的要求。每一次营销活动，每一个营销环节，都包含三个元素：给什么，让对方做什么，为什么必须马上做。

选媒体就是看你的顾客在哪里。选择媒体其实就是研究你的目标顾客，研究他会阅读什么样的媒体，以及什么样的媒体会走进他的生活。也就是说，要把面包卖给饥饿的人。

比如，化妆品公司开发美容院渠道就可以选择在一些专门的美容行业 DM（Direct Mail Advertising，即直邮广告）杂志上投放广告。这些 DM 杂志是直接投放给美容院的，所以你的化妆品要卖给美容院，广告投放到这些 DM 杂志上就最为合适。

还有一家做招商的公司，做的是奶茶饮料连锁加盟招商，在某招商加盟网投放广告，一个广告链接十多个文字，每个月广告费五万元。但它每天能接到 100 多个咨询电话，每天至少能成交十来单，一单收三万元加盟费，每年能够净赚个几千万元，很轻松。就靠招商，它投放的广告是非常精准的。

还要注意的是，同一个媒体，不同的时间段、不同的板块内容，它的读者也是不同的。

对于创业公司来说，不仅要根据目标顾客选择媒体，还要注意与媒体合作的方式。一般来说，与媒体合作的方式有以下五种：购买、分账、置换、内容、组合。

第一种方式是购买。

花钱是最直接的，前提是要测试好广告文案的成交率。如果广告文案的效果还没测试出来，花钱就是砸钱、烧钱、浪费钱。

所以，广告文案写得好很重要。首先你要把目标对象研究得清清楚楚，彻底研究目标对象，永远把研究人放在第一位。通常顾客的唠叨、麻烦、抱怨和建议是最宝贵的。你永远要思考这一句话说出去对方会有什么反应。广告文案里也忌用长句，一定要用短句，让人一目了然。

测试什么？测试你的投入产出比、回报周期和市场容量。

怎么测试？可以直邮，也可以直接派发传单。发出去一千份，最终成交了几个，就是你的成交率。一般文案能做到 2%~3% 的成交率都算厉害的了，顶尖文案高手能做到百分之十几的成交率。

测试好的成交率就是投放方向。知道了每来多少人就卖出多少东西，这个比例就是赚钱的杠杆，叫作"1=N"。也就是说，在营销、广告上每花一元钱能赚几元钱。假如测试结果是花一元钱赚十元钱，而且测试结果很稳定了，那么你就可以投入更多的资金去购买这个广告了。

> 营销就是一个数字游戏，这个财富公式就是"1=N"，当你确定这个财富公式后，接下来要做的是放大就好；但是这个财富公式没出来之前，绝对不要放大。

所以，花钱购买广告之前，一定要做好测试。测试出满意的结果后，才能大量地采购广告，否则就是浪费。

第二种方式是分账。

卓越网的创始人陈年把卓越网卖给亚马逊之后，又重新创业创办了凡客诚品。他跟很多网络媒体谈分账合作，就是媒体把流量带到凡客诚品的网站上来，成交以后，凡客诚品按照交易额来跟媒体分成。短短一年的时间，凡客诚品的增长速度就超过了雅戈尔、杉杉，超过了一些服装企业的巨头，成长的速度非常快。在当时，基本上互联网上到处都能看到凡客诚品的广告。

分账的好处有两个：一个是你为结果付费，赚到钱再付费给媒体；另一个是现金流好，不用交付投放广告的押金。

第三种方式是置换。

置换就是以物易物，第一能帮你开发新客户；第二能增加你的现金购买力，因为你是用零售价来换产品的；第三能盘活你的库存，你可以拿一些积压货跟对方交换。原则就是能置换的尽量就别花现金。

哥伦比亚有一家广播电台，经营惨淡，员工工资发不了，房租缴不了，无奈之下拿广告时间和商家置换。也就是商家不用付广告费，拿产品来置换就行。于是换了，小家电、五金一大堆。但还是没有钱，怎么办？老板决定用自己的广告时间给自己打广告，于是主持人在广播里吆喝，开始卖东西。

结果卖得还不错，居然成为这家广播公司最主要的盈利项目。它们以前只收点可怜的广告费，现在发展出一个广播购物频道来，然后专门成立一个部门，叫以物易物部门，用广告大量地换东西，换回来再利用自己的媒体卖掉。结果这个商业模式很不错，最后融资了将近五千万美元，然后它开始收购各个媒体，现在这家公司已经成为哥伦比亚最大的电视购物公司了。

第四种方式是内容。

对于媒体来说，媒体的结构通常由两部分构成：内容＋广告。广告是赚钱的，内容不但不赚钱，还要花很多精力去做好，因为内容不好就没人看这个媒体了。

189

如果电视台老是播广告，连电视剧都没有，就不会有人看电视了。

所以尽管内容不赚钱，媒体也不得不花大把精力去做内容，内容是媒体很头疼的一件事。那么，我们就可以通过合作的方式，把我的广告变成它的内容。对于读者来说，内容肯定比广告更有吸引力。内容的阅读量是广告的五倍甚至更多。所以，关键还在于要把软文做得像内容，不像广告，这样才能真正吸引到消费者。

第五种方式是组合。

还可以把以上四种方式组合起来使用。比如先付定金再分账，要是赚不了钱，就再拿产品来置换。

与关联商家合作

如果你要找的顾客，正是别人手上现成的顾客资源，那么，你要做的就是跟这些关联商家达成一个共赢的关系，让他心甘情愿地把他的顾客资源与你共享。

比如，一个卖木门的企业和一个卖门锁的企业就可以合作得非常好。这个卖门锁的企业每年在网上要投十几万元的广告费，效果却一般。后来它找到卖门的企业合作，卖门的企业为它推荐一个客户过来，它就把首单利润的一半都给对方。对卖门的企业来说，它只要多句话推荐一下就可以，却能额外赚到一笔钱。而对卖锁的企业来说，少赚的这一半利润显然比它花的广告费要划算得多。

那么怎么跟关联商家合作？对方凭什么跟你合作呢？让对方增值，关联商家才会跟你合作。

> 跟关联商家合作的前提是你不能伤害了它的客户，必须保证它的客户是安全的，不能让它的客户来到你这边的体验不好，或者上当受骗。在安全的前提下，对方又能拿到额外的好处，它是愿意合作的。

请意见领袖为你发声

意见领袖往往是创造流行的人，他们有足够的话语权，有足够的分量，要想办法找到这些人来帮你做营销。

在美国有一款红酒叫暴风谷，一直做得不温不火。老板做得很发愁，酒厂所在的位置偏僻，也没什么钱打广告。后来，这个酒厂老板开始利用互联网做宣传，他给全美国100多个知名的博客博主每人寄去一瓶酒和一封信。信里这样说：只要你是博客的博主，是真正的博客博主，并且到了法定饮酒年龄，你都可以到我的网站免费领取一瓶红酒。信里还描述了他的红酒有多好。关于免费喝酒这件事，你可以写到你的博客上，当然你也可以选择不写。写的时候你可以说好话，也可以说坏话，随便你。

写博客的人都有一个特点，就是喜欢分享。再加上对于免费喝到的酒，心理预期不会太高，反而增强了对方的体验。况且，吃人嘴软，总会有博主把你的红酒写得很好。就这样，博主的粉丝看到了，就会有部分人领取免费的红酒。

第一拨红酒是老板自己出运费并且免费送给博客博主的，看了这些博客来领酒的粉丝，是第二拨领红酒的。第二拨的红酒也是免费送的，但是要收取运费。运费与红酒的成本抵消了。这些粉丝的博客下面又有很多读者、粉丝，就这样一传十，十传百，短短半年时间，这个暴风谷的红酒红遍了整个美国互联网。

老客户转介绍

通常老顾客转介绍的方法有：佣金利益、话题口碑、交际嵌入、游戏竞赛、免费信息产品等。

佣金利益是一种很好的转介绍方式。比如说有一个售书网站，所有购书的读者都有一个特权——通过销售这本书赚钱。你只要在网站上免费注册，就可以自动生成一个推广账号编号，你可以发送指定的广告内容给你的好友，也可以到论坛里发帖。当别人点击你的广告链接来到这个售书网站订购时，网站就会给你佣金。

话题口碑也是增加转介绍的有效途径。因为人的天性都是比较八卦的，人们喜欢讨论一些千奇百怪的事、新鲜事、好玩的事。

2008 年，一个叫老孟的民间"伙夫"花 140 元举起的"山寨春晚"大旗得到众多网友力挺，而其还申请了一个叫 CCSTV 的网站和央视春晚 PK。该话题一度成为百度搜索最热门的关键词之一。而"山寨春晚"也拿到了几百万元的赞助费。

对于不知名的品牌，要想迅速成名，就需要借助社会热点事件、名人、社会文化等，形成人们和媒体关注的社会话题。

交际嵌入就是把你的营销活动巧妙地植入到客户的人际交往当中，从而让客户在人际交往的过程中，把你的产品、服务和企业传播给他所交往的人群。

比如，有一家花店做的"同城送花，温情传递"活动。花店老板对老顾客说："现在我们正在举办一项老顾客回馈活动，您只要在我们当地指定任何一个您的朋友，我们就会以您的名义为他送上一束鲜花和您的贺卡，您只需要在这张贺卡上签上您的名字，并且告诉我们您朋友的名字和联系方式，我们就会亲自帮您送给他。"

老顾客当然很高兴，纷纷留下自己朋友的联系方式让花店送花。通过这个方式，花店老板轻松获得了大量新客户名单。当花店的员工把花送给新客户时，还会对顾客说："您的朋友对您真好，他很惦记您，这么忙还记得送花给您。您知道他为什么送花给您吗，因为今天是感恩节，一定要送花给最重要的朋友。您需不需要回赠一束花给您的朋友呢？"

新客户一想，也对，毕竟来而不往非礼也，通常也会买花回赠朋友。于是，新客户买花之后也变成了顾客。新客户买花之后，送花的员工会继续告诉他，他可以享受"同城送花，温情传递"的回馈老顾客活动，帮他免费送花给新的朋友。如此这般，新顾客又留下了新客户的联系方式。就这样循环下去……

把竞争对手变成帮手

有人说，同行是冤家，不争得你死我活就不错了，怎么还能成为帮手？其实，你和竞争对手服务着同一群顾客，你们应该成为很好的伙伴，没有必要互相打压。只要找到更多的大家共赢的点，找到更多能够合作的点，你会发现这个世界上都是合作伙伴，没有对手。

比如，你可以找很多竞争对手去谈，跟竞争对手说："你没有成交的客户可以给我，你已经流失的顾客可以给我，你淘汰了的顾客也可以给我，这些顾客跟我成交以后，我来跟你分钱，我们可以签订一个协议。"只要开诚布公地谈，有些竞争对手是乐意这样做的，这就是皆大欢喜的事情了。

第十章

市场与资源

点石成金

The man with a new idea is a crank until the idea succeeds.
具有新想法的人在其想法实现之前是个怪人。

1. 做好市场调研

我们这里所说的市场调研，主要是指产品正式上市前的市场测试。没有测试的营销就是在赌博，是拿钱在赌博，拿企业的未来在赌博。

可口可乐曾经为没有测试过的新口味产品付出了 3 亿美元的学费。为了应对来自百事可乐的挑战和竞争，可口可乐公司推出了新口味的可乐，这是一款更甜、更可口的可乐。在没有做充分市场调研和产品试用的情况下，可口可乐公司就在全国大做广告，展开轰轰烈烈的营销活动。

万万没想到，这引起了美国人民的抗议——"它（可口可乐公司）怎么能够公然改变全国人民的口味？！"结果可口可乐公司遭遇重创，前后累计损失近 3 亿美元。新口味可乐的推广也就此偃旗息鼓。

其实，通过试验活动，几乎所有的营销问题都可以廉价、迅速、准确地得到解答。这也是解决问题的最佳方式——不要和你的伙伴围坐在办公桌上争论，而要把审判权交给你的顾客。

正所谓当局者迷，你的新产品，也许你会爱上它，顾客却不一定；一条你看不起的广告也许会取得巨大的成功，一条你看好的广告也许最后会一败涂地。毕竟，我们谁都不能完全了解人们的欲望，从而对当前消费者形成一个完整统一的印象。

> 在市场营销中，产品上市前的测试，就像高速行驶的汽车上的安全带，可以避免你遭受商业上的不测。

所以，通过几千人来考察几百万人怎么做，一个小小的抽样测试就可以观察成本和结果。假如知道了争取 1000 个顾客的成本是多少，基本上也就可以精确地知道争取 100 万个顾客的成本是多少。如果知道这 1000 人能接受什么样的交易条件，那么基本也就知道了 100 万人能接受什么样的交易条件。

如果打算在全国展开市场推广的活动，那么可以先在四五个城市展开试验计划。可以采用提供样品或者免费使用的方法，促使消费者尽快试用这种产品。通过这种方法可以了解到：让一个顾客试用这种产品需要多少成本，并且用户是否会购买这种产品；如果他们买了，他们会持续购买吗，他们会买多少，你需要多久才能收回你的销售成本。

一般这样的试验可能会花掉三五万元。即使最后证明这种产品不受欢迎，这些钱也不会全部损失掉，毕竟它还是实现了一些销售。

【故事：小众市场的狂热分子】

数年前的某一段时间，美国街头到处可见一批年轻人手拿调查问卷，让来来往往的过路人为两款车型打分。大家看到问卷上的 A 款车型柔美温和，B 款车型则狂野奔放。很快，路人根据自己的喜好分别给两款车型打上了分数。

几天之后，一个名叫菲比的小伙子集中整理了这些年轻人手中的问卷数据，然后提交给自己的上司——美国通用汽车总公司产品开发副总裁罗伯特·A.卢茨。

原来，美国通用汽车公司刚开发出一款性能优越的汽车，但公司内部高层对车型形成了两种不同的意见——一部分人觉得应该给这款车配上柔美温和的车型，另一部分人却觉得狂野奔放的车型更有市场。在拿不定主意的情况下，卢茨提出让大众选择、决定新车的车型。

　　助手菲比给卢茨提供的调查数据一目了然——满分是 10 分，A 款车型平均得分 7.5 分，B 款车型平均得分 5 分。卢茨扫了一眼总数据，然后拿过菲比手中那一叠厚厚的调查问卷，一张张翻看起来。看着看着，他开心地笑了起来。菲比问："您是否决定推出这款 7.5 分的车型？"

　　没想到，卢茨坚定地回答："不！我们要推出这款只得 5 分的车型。"

　　看着菲比一脸不解的表情，卢茨向他摊开了手中那一张张评分表："你看看，得 5 分的车型，很多人给它打了 9 分和 10 分，也有很多人给它打了 1 分甚至是 0 分，这表示，有人狂热地喜欢它，有人则极端厌恶它；而得 7.5 分的车型，问卷里的打分几乎都是 6 分、7 分和 8 分，这表示，没有人讨厌它，但也没有人对它非常有激情。现在的汽车行业竞争十分激烈，市场已经变得十分拥挤，所以，只有狂热的少数人最有可能购买我们的新款汽车。那些给 B 款车型打上 9 分、10 分的人，正是我们要挖掘的潜在客户！"

　　很快，通用汽车公司按照卢茨"为少数人而开发新产品"的思想，推出了狂野奔放型的新车。卢茨的眼光果然精准独到，这款新车刚一上市就受到了一部分人的狂热追捧，很快销售一空。

2. 做不可行的商业报告

在企业经营过程中，需要进行重大投资决策时，老板们一般会让人给一个可行性研究报告，然后按照这个报告去做。但是他们往往忽视了另外一个报告，那就是不可行性研究报告，这个报告将会对项目有重大意义。

项目可行性研究是在项目投资之前，对项目市场、技术、财务、工程、经济和环境等方面进行精确分析，选定最佳方案，编制成项目可行性研究报告，综合论证一个项目在技术上是否先进、实用和可靠，在经济上是否合理，在财务上是否盈利的研究。可行性研究的本意，并非在于项目必定可行，而恰恰是要论证是否可行，有多大的可行性。因此，研究的结果应有两个选择：可行或不可行。

"不可行性研究"与"可行性研究"是一体两面，是决策之前的反向论证过程，需要考察研究决策失败的可能性、存在的不足、隐藏的风险。

然而，目前很多项目的可行性研究结论基本上只有一个：可行。这种所谓的"可行性"报告存在巨大的研究缺陷，为项目上马而论证可行，把不可行意见和数据完全抛开，"可行性研究"也就成了"可行"的"通行证"。

> 企业忽略"不可行性研究"，就失去了通过不断质疑与辩驳让决策意向在不断修正中变得更科学的机会，最终会导致很多项目的决策错误。

所以，在这里我们强调要做"不可行性"的商业报告，原因就在于"可行性"研究的市场预测分析中，论证者往往把"可以当必然"，或者是为了走过场而做"可行性"研究，缺乏科学性、可行性。

首先，做不可行性商业报告的目的，并不是要否定这个项目，反而是为了更好地开展这个项目。我们都知道，在一般的情况下，老板在做某项决策的时候，都会想到这个项目有多少机会，能够给企业带来多少利润，以后会怎样发展壮大等，正面的东西会很多。那么做好了不可行的商业报告，就会从另外一个方面来验证这个项目的必要性，从而增强老板决策的信心。

其次，以商业报告的形式出现，是为了以后再做项目时避免盲目，避免走弯路。其实很多老板在做决策的时候，会征询一下部分人的意见，但是大部分人只是为了迎合一下老板，不可能说出反对的意见，也就会导致老板对某个问题的看法不全面，这样可能给项目的决策带来危害，至少会使项目没有那么顺利地达到目的。一旦将不可行性商业报告的正式版本交给老板，决策会更加科学。

所以，无论是在战场或是商场中，研究并解决了那些不可行因子的公司，都会打胜仗，其项目都会成功。这样的不可行性商业报告，才会更全面、更科学。

做不可行性商业报告，关键在于两个方面：

第一，针对可行性报告中的技术、经济、环境和社会等方面进行反向论证，做好各项风险分析和不可行分析。

第二，针对各项可能存在的风险、不可行因素提出可行的解决方案。

如果企业能够在项目前期做好不可行性商业分析，精确估算投资额，明确项目竞争力，对未来的产品市场进行情景规划，对风险做好充分准备，然后再做出投资决策，那么项目的成功概率就会大幅度提高。

3. 量化企业愿景

【故事：能见度】

一位游泳运动员 Tony 参加横跨英吉利海峡游泳比赛，连续三年获得了冠军。今年是他第四次参加比赛，他受到万众瞩目。他却在心里有些踌躇不定，因为与往年相比，今年的各种条件似乎都不太顺利：一是今年的海水特别冷；二是海水逆向流动，往前游三米就得退一米；三是海面上起大雾，能见度不到 10 米；四是赞助商提供的泳衣不太合体；五是其他运动员都比 Tony 年轻；六是上周 Tony 的感冒才刚好。但是，Tony 还是给自己打气："今年再赢个冠军，明年我就退役了。"

游泳比赛组委会并没有因此取消比赛，活动照常举行。"啪"的一声，发令枪响起，所有的运动员往大海冲，朝着英吉利海峡的对岸游去。十个小时过去了，所有的游泳运动员都游到了海峡的中央。由于环境恶劣，大家都游得分外辛苦。

这时，Tony 身边跳出了两个人：一个是天使，另一个是魔鬼。天使在右边不停地喊着："加油！加油！今年一定要再拿冠军！"魔鬼却在左边不停地说着今年与往年不同的地方，有一二三四五六点不利的条件，寻找着一千个理由，劝他放弃比赛："已经连续获得三年的冠军，这次得不到冠军也没有什么关系啦！"

就这样，天使喊着"加油"，魔鬼劝他"放弃"，天使与魔鬼在 Tony 的心里使劲较量着。最终，在距离对岸不到 1000 米的时候，Tony 举手选择了"放弃"。随后服务人员把他拉上船，提供了优质服务，让他感觉到非常舒适。然而，不到一刻钟，服务人员就告诉他到岸了。这时，Tony 不禁后悔万分，责怪自己："为什么我不再坚持一会儿呢？"

因为海面大雾，能见度低看不到对岸，因为海水寒冷、逆流，因为泳衣不合体，因为比赛队员都比我年轻……Tony 错过了再次拿冠军的机会！

其实我们每一个人都会面对天使与魔鬼的较量。尤其是企业家在企业经营中，面对每一个重大决策，都要在天使与魔鬼的较量中选择。因为我们做企业一般是没有能见度的，没有办法预见未来。你想达到某个结果，却往往前功尽弃。

看不到未来，没有能见度，就没有了信心。可能你已经距离终点很近了，却不知道，最终选择了放弃。

然而，假若你的企业拥有全局战略和终极目标，在经营中拥有清晰度和能见度，你还会选择放弃吗？

我们熟知的"田忌赛马"的故事就是协调全局、靠谋略制胜的典型。也就是说，能从全局考虑问题，企业家才能不计一时一地的得失，决胜于千里之外。

就如我们在本书一直强调的那样，以终为始作为一种全局谋略，能够让企业发展具有更高的能见度，市场调研也能让企业或项目更有清晰度。如此一来，企业距离成功至少又可以近一步。

以终为始，就是要确定我们的终极目标，确定我们的企业愿景。怎么实现企业愿景？企业愿景是由一组特定的、可量化的业务指标来支撑的。

我们常常听到这样的目标："我要找一份好工作""我要考一所好大学""长大后我要过幸福的生活"等，其实，这些目标不能算是一个有效的目标，它们充其量只是一种美好的想法或梦想。例如，一位高三学生的目标是一年之后考一所好大学，那么这所"好大学"应该具体落实到大学的具体名称和以后所学专业的性质，这样高三一年的学习才会更有目的性和针对性。

所以，要让企业愿景成为一个有效的目标，就必须对目标进行量化。把企业愿景量化，就是量化总体目标及量化阶段目标，把大目标拆解成一个个小目标，或者从小目标到大目标循序渐进地推进，最终实现愿景。

这些原来一直被认为虚无缥缈的名词被量化成了选择填空题。还有销售目标、组织行为、薪酬标准和绩效评价等被量化成为一个个具体准确的数字或模型公式。

> 从前抽象难懂的管理名词变成了一个可以量化的标准，以后制订计划安排项目都变得简单而科学了。

并且，使用以终为始的策略，从最终目标来倒推设计，每一阶段的目标会变得更为清晰明确。也就是说，要把每个阶段在什么时间做什么事，一一量化，转化为具体的数字后再实施。

比如，在甜品店的故事中，企业上市愿景中，目标是于 2022 年 12 月 IPO 估值达到 100 亿元，那么这一阶段的融资是 20 亿元；若 IPO 时的市盈率为 25 倍，则其税后利润为 4 亿元，零售板块占 60% 的市场业绩份额，则零售税后利润需要 2.4 亿元，若其零售税后利润率为 25%，则其销售总额应为 9.6 亿元；根据第一家零售店销售数据分析，每月平均营业额为 60 万元，全年的营业额为 720 万元，则计算得出需要开设连锁店 134 家；一碗甜品的平均售价为 20 元，则每天需要 300 人次消费；若每天人流消费最旺的时间为 6 小时，则每小时必须容纳 50 人同时消费；翻台率为 30 分钟一次，则需要配备 50 个座位，相应则可计算出店铺的面积和装修投资额、设备投资额、人员配备。

C 轮融资是在 2020 年下半年获得 IB 投资银行投资 3 亿元，估值目标达 20 亿元；此阶段的市盈率为 15 倍，则其税后利润为 1.33 亿元，零售板块占 60% 的市场业绩份额，则零售税后利润需要 8000 万元，若其零售税后利润率为 25%，则其销售总额应为 3.2 亿元，此阶段需要开设盈利的连锁店 45 家。

B 轮融资是 2019 年 8 月在新三板挂牌，获得 PE 私募投资 5000 万元，估值目标为 5 亿元；此阶段的市盈率为 10 倍，则其税后利润为 5000 万元，零售板块占 60% 的市场业绩份额，则零售税后利润需要 3000 万元，若其零售税后利润率为 25%，则其销售总额应为 1.2 亿元，此阶段需要开设盈利的连锁店 17 家。

　　A 轮融资是 2017 年年中获得风险投资 1500 万元，估值目标是 1.5 亿元；此阶段的市盈率为 8 倍，则其税后利润为 1875 万元，零售板块占 60% 的市场业绩份额，则零售税后利润需要 1125 万元，若其零售税后利润率为 25%，则其销售总额应为 4500 万元，此阶段需要开设盈利的连锁店 6 家。

　　于 2017 年完成首轮天使融资，天使投资 450 万元，估值目标是 3000 万元。

　　就这样，从最终目标 100 亿元的 IPO 估值开始，一个个阶段往前倒推设计，把愿景和目标一步步量化为一个个具体而准确的数字，什么时间做什么事，要达到什么目标——这样企业未来的路线就变得非常清晰，如图 10-1 所示。

图10-1　金融路线图

　　由此可知，量化愿景，有两个重要的指标，一个是时间，另一个是内容。

　　任何目标都必须限定什么时间完成，可具体到某年某月，甚至是某日某时某分。没有时限的目标，即使量化得再好，也可能会使实现目标变得遥遥无期。

　　内容指的是在限定的时间内完成什么具体的事项，要具体到每一个实施步骤，同时这些步骤也是量化的，可落地的，而不能是抽象的。

　　任何目标都不会自动实现。我们经常提出一些远大的目标，但因为没有把它分解、细化到每一天、每一件事情或者每一个过程里面，这个目标总是显得模糊不清。没有量化到每一个工作里面，我们就不知道对于这个目标，每个人的责任是什么、贡献是什么，所以更重要的是怎么具体实现目标。也就是说，要想实现企业愿景，首先要学会量化愿景，把大目标分解为一个个小目标，然后从每一个小目标着手，一点一点突破。如果目标不可量化，我们就会很容易放弃。

4. 资源融合谋略

任何一个企业做得再好再强大，都不是孤立存在的，必定与方方面面的资源产生各种各样的关系。因为企业的资源再多也是有限的，企业不仅要拥有自身的资源，还要具备充分利用外部资源的能力，使社会资源能更多更好地为本企业的发展服务。

为什么一些企业没有厂房、没有机器设备，甚至没有自己的员工，照样能生产出产品？这就是资源整合的妙处，把"你的""我的""他的"都变成"我们的"。"我"没有厂房、没有设备、没有员工，但是"我们"有！因为"我"充分利用了社会上的资源，进行了虚拟研发、虚拟营销、虚拟运输以及虚拟分配（股权、期权制）等有效整合。

所以，很多企业进行脑体分离，企业仅拥有组织经营生产的人员和几间办公室而已，却能够利用外部的土地、厂房、社会上的技术人员、管理人员、劳动力、原材料等生产出大量的产品。

> 资源好比手里的 54 张牌，聪明的人不参与抢牌，而是善于将抢牌的人整合起来，组成同花顺、清一色等更好的牌局，从而创新出更具想象力的新型商业模式。

因此，在营销策划过程中必须时刻提醒自己要开阔视野，充分利用广泛的社会资源，把企业外部既参与共同的使命又拥有独立经济利益的合作伙伴整合成一个为客户服务的系统，取得"1+1 > 2"的效果。

资源整合的四种形式

我们在前文第三章讲述"构建核心商业生态系统"时，就提到了生态系统的构建最主要的手段即是资源整合。除了垂直价值链上下游产业的纵向供应链整合、水平价值链上竞争对手的横向需求方整合、关联产业向一个核心点聚焦的焦点整合，还有整合了供应方和需求方的平台整合。

一是垂直价值链上下游产业的纵向整合，这是对供应链的整合。

传统的"原材料供应—设计制造—产品分销"就是一条典型的供应价值链，它整合了从上游到下游的供应链管理，把同一价值链上的几个供应方联合起来成为利益共同体，创造更大价值。

通常最先发起对供应链整合的企业是已经在原本行业占据领先地位，在整个产业链上地位突出的公司。戴尔是 20 世纪 90 年代最成功的公司之一，是整合供应链最典型的代表。戴尔组装来其他公司的零部件，但它与这些公司之间的关系比传统的买方与供应商之间的关系更紧密。它并没有以垂直整合的方式拥有这些公司，但通过使用信息和松散联系达到了同一目的——"一个严密的合作供给链"。

因此，在整合供应链的过程中，企业要考虑自己是否处于价值供应链上最有利的位置，应整合哪些具有相对优势的资源。

例如，如今做得红红火火的水果电商，就是利用了整合供应链的方式，而与果农和快递公司结成战略联盟。

水果店作为鲜果的订购中心存在，顾客到这里订购新鲜水果（可通过网络或电话订购），水果店记录下顾客订购的水果种类和数量，以及顾客希望送达的地址和希望送达的时间。同时，把顾客需要的水果种类和数量信息发给果农，通知果农准备水果。然后，把顾客订购的水果种类和数量，以及顾客希望送达的地址和希望送达的时间等信息发给快递公司，由它从果农处取得水果，再送给顾客。

> 水果店通过与快递公司合作，整合快递公司的运输资源，把传统情况下的两方合作变成三方联盟。

新的战略联盟大大扩展了生意量，每个参与方都获得了更多的收入：果农可以卖出更多的水果，快递公司得到更多的生意，而水果店得到更多的订单，并同时节省了运输成本。顾客也可以享受到更多的水果选择和方便快捷的上门送水果服务，这都是传统的水果店做不到的。

再例如，张永庆在电影广告行业已经沉积了多年，对行业上下游的状况了如指掌，他独创的"银幕巨阵"广告，把全国50个城市的200家影院资源整合到了自己的模式下，从而开辟出一个占据85%中国电影市场票房的电影广告投放媒体，是一种典型的纵向整合资源的方式。

贴片广告只是"流水的兵"，而电影院才是"铁打的营盘"，如果绕过电影片商和发行方，直接通过电影院投放广告，那么对广告客户、广告代理公司和电影院来说，可能就是一件三赢的事情。

二是水平价值链上竞争对手的横向整合，这是对需求方的整合。

对需求方的整合是把相同目标市场的企业有效地联合起来，提高市场占有率，与其他企业（或企业集团）相抗衡，从而达到市场资源共享的价值最大化。

比如美国波音飞机制造公司与麦道飞机制造公司的合并，优酷视频与土豆视频的合并，滴滴出行与优步中国的合并，均属对需求方的整合。

整合需求方的最大益处是有利于实现规模经济，从而降低单位产品的成本。然而，横向合并将对竞争产生消极作用，容易产生垄断。

三是关联产业向一个核心点聚焦的焦点整合。

这里不再赘述，详情请看第三章之"构建核心商业生态系统"。

四是平台式整合。

平台式整合是将供应方、需求方甚至第三方可能需要利用的资源进行整合"打包"，同时增加双方的收益或者降低双方的交易成本，平台自身也因此获利。

淘宝、京东、敦煌网等电商网站都是典型的平台式整合，它们整合了买卖双方的信息，供应商和需求商可以通过它交换信息，互通有无，达到最佳的交易效果，而电商网站则通过收取佣金而盈利。

百泰传媒因为有 2000 家酒店 40 万~50 万名客户，所以在采购方面能拿到各个产品的厂家或总代理手里的最低价，百泰传媒将这些产品转手批发给各地酒店，自己只需建立一个"呼叫中心"，专门用电话负责酒店缺货、补货和联系供货商及时供货等事宜。百泰传媒几乎没投入多少钱，就在短短的三年内，整合了全国 100 多家杂志进入国内酒店渠道，而且还借助这一特色渠道卖起了日用消费品和高端产品，这就是一种平台式整合资源的方式。

展会也是平台式整合的一种形式，通过展会平台整合了参展商、专业观众以及物流、酒店等展会服务商，通过满足各方需求而盈利。

常见的资源融合方法

资源融合的方法有很多，常见的有以下十一种：

一是业务外包。

外包使公司更具有弹性，使公司经营者更专注于他们的核心业务能力。"做核心业务，其余工作外包"已经是增强企业核心竞争力的重要解决办法。

哪些外包，哪些自己做，要看其在价值链中处于什么位置。自己做的业务要形成公司内部资源，发掘自有资源的价值和提高资源配置的能力；外包业务则要挖掘外部资源，加强对外部资源的管理，培养利用外部资源的能力。

当前，业务外包主要有三个趋势，如图 10-2 所示。

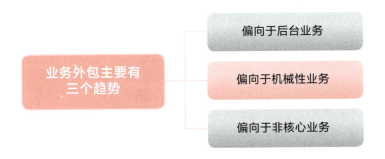

图10-2　业务外包主要趋势

（1）外包偏向于后台业务。许多企业都是对前台业务亲力而为，后台业务、离市场较远的业务外包出去。

（2）外包偏向于机械性业务。一般来说，机械性、重复性的业务，可以通过数字化、软件化的方式外包出去，如外包生产。

（3）外包偏向于非核心业务。例如，展会经营的现场餐饮、保洁、保安、礼仪、搭建等非核心业务可以外包出去，企业则集中精力做好展会策划、招商和招展等核心业务。

二是合资。

比如，在当前的中国汽车市场环境下，外资汽车品牌进口渠道与国产汽车销售渠道统一已经成为大趋势。随着中国汽车市场的不断发展，国产化汽车产品的比重越来越大，进口车的比重越来越小，甚至捷豹、路虎这种看起来不可能在中国生产的品牌都已经在中国建立了合资公司。

三是企业并购。

企业并购的方式主要有整体并购、投资控股并购、股权有偿转让以及资产置换等方式。

四是联合研发产品。

新产品的开发是个复杂的过程，从寻求创意到新产品问世往往需要花费大量的时间，而市场环境的复杂多变又使新产品开发上市的成功率极低。所以，企业之间进行资源共享，共同开发新产品，是提高效率、分散风险的一种方式。

例如，长期以来，联合研发正是汽车研发的主要形式之一。在中国，由于企业各种资源的限制，不可能同时开发管理太多车型，联合开发新产品已经显示出越来越强的趋势。联合开发能更好地利用社会现有资源，达到降低成本的目的。

五是特许经营。

比如，在酒店业中，"如家快捷"是比较成功的特许经营方式。

六是客户资源共享。

共享的提前是以不伤害客户感情、不侵犯客户隐私为原则。

七是联合调查。

市场调查的工作量太大、专业性太强，具有相同目标客户但不同细分市场产品的企业可以联合起来进行共同调查。比如，儿童服饰的生产商与儿童玩具厂商、儿童食品厂商就可以一起进行联合调查。

八是产品价值包拓宽。

把产品与其他附加功能产品一起打包成配套的套餐，提高产品的功能价值，

使产品价值最大化。比如卖手机配送手机支架或钢化膜，卖多功能插头配送小型
LED 灯等，都是比较典型的功能组合。

九是渠道共享。

2017 年 5 月，奥迪公司与一汽奥迪、上汽奥迪经销商达成共识，共同建立了
一个销售公司，共享销售渠道。对于奥迪公司来说，现有的经销商网络能力非常
强，覆盖范围很广，也有用户的积累。一汽奥迪、上汽奥迪的产品都能够在统一
的网络、统一的展厅销售展示，对于奥迪品牌或者奥迪公司来讲，产品能够以统
一的形象和面貌来面向用户，这是非常重要的。同时，这样做还避免了品牌内部
的竞争及两个渠道互相压价。

十是联合品牌。

联合品牌策略是一种复合品牌策略，它结合了不同公司的优势，可增强产品
的竞争力，降低促销费用。

比如，联通运营商和腾讯、百度、阿里巴巴等互联网公司联合推出腾讯王卡、
百度神卡和蚂蚁宝卡等流量卡套餐品牌，对各自企业的互联网品牌产品推出定向
免费流量套餐，受到广大消费者欢迎。这种不同行业品牌的联合促销能产生名牌
叠加效应，达到双赢目的。

十一是联合促销。

两个或两个以上企业联合起来进行资源共享的共同促销，各取所需、各得其
所，达到双赢的效果以及自身促销效益的最大化。通常来说，有联合同行促销、
联合经销商促销和跨行业促销等方式。

三九药业当年联合《新周刊》一起进行了一场大型的联合促销。三九药业的
一些新 OTC（非处方药）产品，急需打开市场、扩大知名度；而当时的《新周刊》
刚刚创刊没多久，没有知名度，也急需知名企业在其媒体上露脸、曝光。于是，

各取所需的双方一拍即合，举行了一系列的促销活动。最后，双方皆大欢喜。

　　跨行业联合是目前联合促销的主流。基于多方联合的需求，众扬汇创建了分享空间，这是联合促销的品牌融合入口，从供给侧对资源进行整合提炼，进一步提升了资源的价值，让更多爆品分享利润，从而更有效地满足客户多层次的需求。

　　在顾客端，众扬汇采取级差外包销售方式，构建了高级会员、品牌商家和空间合伙人三种融合模式；在供应端，众扬汇充分挖掘爆品的价值，形成品牌供应链，构建多层次的销售与服务融合资源平台；在广告媒体及创业服务端，众扬汇以全媒体共享平台聚合资源，后续发展深度的商务合作和品牌孵化事业。

第六部分

创业愿景

创业是否成功，跟国内外的经济形势有关，同时更加跟个人的能力有关，而个人能力的储备极为重要。

　　互联网时代来了，过程可以缩短，但是并不意味着你的能力可以缺失，也并不意味着你可以跳过创业的过程。你的客户忠诚度维护过程、发现客户的过程、团队建设过程、公司结构治理过程，以及与国内外所有资源接轨的过程，都可以缩短，但是绝对不可以跳过。

第十一章
商业与价值

点石成金

By constant self-discipline and self-control, you can develop greatness of character.

不断自律及自我控制可以培养出非凡的性格。

1. 商业环境与趋势

这是一个最好的创业时代。除了有政策的扶持，还有丰富的资本环境；不仅创业的门槛低了，大家的创业思维也改变了。这个时代需要更多的人去创业、去成就自己。

变革时代的机遇

在当前国家政策的推行下，"大众创业、万众创新"蔚然成风，政府为了给"双创"创造良好环境，也在简政放权。同时，各种创业园区和孵化器纷纷开放，为创业者提供场地、创业指导、法律、资金等套餐服务，创业氛围浓重。

李克强表示，"双创"可以说是应运而生。运，是指2008年金融危机，经济至今尚未完全复苏，对应的解决方法就是创新。因为某些领域已经不适应变革，所以需要把创业和创新结合起来。

在"双创"的背景下，创业门槛前所未有地降低了。除了政府营造的创业气氛外，很多客观条件也比以前好了。比如原来做互联网创业需要买服务器，现在有云计算。还有就是现在智能手机的普及率大大提升，微信支付和阿里巴巴的支付宝打通了支付环节。所以对于创业者来说，成本大大降低，机遇还是挺大的。在"双创"的氛围中，创业者的素质也在提升。

除了"双创"，新三板的推出也来自政策的扶持，这增加了更多资本市场的机遇。

可以说，现在的机会比五年前、十年前的市场大太多了。过去互联网行业最终的商业模式是互联网广告、游戏加电商，市场规模是 1 万亿元。但今天互联网和金融、教育、物流等行业结合后，市场规模扩大了好几倍，机会巨大。

马云在 2016 杭州·云栖大会上提到，"过去的金融"在过去的 200 年支持了工业经济的发展，但它是个二八理论，也就是只要支持 20% 的大企业就能拉动世界经济 80% 的发展，而未来新金融则支持八二理论，也就是支持那些 80% 的中小企业个性化。

新金融是基于互联网之上的，互联网金融希望解决的是更加公平、更加透明、更加支持那些 80% 在过去没有被支持到的人，新金融的诞生势必对过去的金融机构有一定的冲击和影响，但这个机会也是大家的。

> 我们可以看到，新金融的诞生会给所有的创业者带来不可多得的机遇。

正如马云所说，大型企业将带头降低创业成本、门槛和风险，把"九死一生"的创业变成"九生一死"。阿里巴巴所涉及的新金融将会为此做出巨大努力和贡献。

就是在这样的"双创"氛围下，腾讯针对不同阶段的创业需求，顺势推出众创空间、青藤创业营、双百计划等，帮助创业者降低创业门槛和成本。马化腾在公开信中说，腾讯将面向 7000 万中小企业的创业者，带来线上线下、全阶段的创业服务。据腾讯官方数据显示，截至 2016 年，在腾讯平台上实现上市的公司超过 30 家，合作伙伴总市值超过 3000 亿元，第三方的总收益超过 160 亿元。

一是"互联网＋"颠覆传统。

马云认为，未来三十年是人类社会天翻地覆的三十年。电子商务只是大变革的序幕，未来三十年互联网的变革将极大改变产业和社会，互联网没有边界。

不得不说，这就是一个充满变革的时代，而变革则意味着充满机遇。

（1）"互联网 +"机遇一：新兴网络渠道。

当很多传统企业发现传统的推广渠道再也走不动，被"互联网 +"的潮水冲得不知该往何处去时，对于建立"互联网 +"新渠道的创业者来说，这就是创业机会。你去帮助这些企业建立新渠道，与他们合作，甚至有可能他们就是你的投资者。

（2）"互联网 +"机遇二：定制服务端。

今天，很多传统行业都被 C2M（Customer-to-Manufactory，即顾客对工厂）的创业者影响了，设计端和制造端往定制方向走。正如马云提到的"新制造"一样，过去的制造讲究规模化、标准化，未来的 30 年制造讲究的是智慧化、个性化和定制化。原来的 B2C 的制造模式将会彻底走向 C2M 的改造，也就是按需定制。

> 所谓供给侧的改革，就是改革自己适应市场，改革自己适应消费者。

而真正不停尝试这一条定制之路的，是上汽集团。上汽集团曾经试运行给每个客户定制一款新汽车——SUV（运动型多用途汽车）。当时，它的内部目标是"达到几十台我们这个就算成功了"，只是想搞一个噱头来营销。没想到，一个晚上就下了近一千台的订单！连上汽集团的老板自己都没有想明白这个结果，他说："时代原来真的变成这样的了。"

二是全民性消费升级。

在这个变革的时代，很多传统的消费品牌变得非常焦虑，因为这些积累了十年、二十年的品牌突然老化了。

今天我们可以看到很多消费升级的机会，这个升级机会的驱动力来源于中国庞大的中产阶级的崛起，以及城市化包括城镇化速度的加快。但是我们必须明白，这里所说的消费升级并不是卖奢侈品。

在中国过去的 20 年存在着大量的卖奢侈品的创业机会，但那样的机会只能存在于当时的背景下，因为那时候很多人希望通过买奢侈品来证明自己属于某个阶级。他系一条爱马仕皮带不为别的，就为证明他有钱；他坐一辆宝马车也是为了证明他有钱，他进入某个阶级了。但今天的消费升级需要的不是这些，而是真正产生情感连接、认同的产品，它也许并不需要多高的价格，但它能赢得更多的市场。

这样一批消费升级的产品有什么特色呢？它是一种高档消费品，是人们努力工作增加收入后为了提高生活品质而选择的一种消费品。

潮起又潮落的资本时代

如果说"双创"加上时代的变革是"天时"的话，那么，一个好的资本环境无疑能够为创业者提供最多的"地利"因素。

一个好的资本环境是什么样的？

前两年，互联网界掀起一股资本热潮，"站在风口上猪都能飞起来"。2015 年下半年起，业界纷纷惊呼"资本寒冬"来临，风停了，那些原本飞起来的"猪"都摔得很惨。

创业之道，路漫漫其修远兮。资本市场放缓的投融资速度打乱了无数创业家们的梦想，那么多满怀创意点子而囿于钱的创业者下一步该怎么走？

> 资本的潮起潮落本身就是再正常不过的事情，对于创业者来说，适应环境的变化是其必须具备的基本素质。

关于"资本寒冬"，我们要从两方面来看。

首先，所谓的资本寒冬是否真的可怕？

未必，这只不过是资本更聚焦了。真正有实力的创业公司反而会得到更多的资本支持。市场越不景气，优质项目越会受到争抢。

真正能感受到资本寒冬的是比较虚的项目。在资本很火热的时候，什么项目都能拿到钱，现在大家谨慎一些、冷静一些，稍微弱一些的项目可能就拿不到钱了，它们感受到的是资本的寒冬，但其实好的项目仍是火热的状态。

资本火热的时候并不意味着没有挑战，从 2014 年到 2015 年上半年，超过5000 家企业拿到了风险投资或天使投资，这个数字可能比往年多五到十倍。其原因在于，一方面投资者的钱很多，另一方面高管、草根等纷纷开始创业。虽然有这么多的创业公司，市场规模也很大，但其成功率未必比原来大，挑战也许比以往更大。

所以，对于投资者而言，资本火爆的时候，鱼龙混杂，要小心谨慎，寒潮来临的时候才应该大手笔投资。

那些想搭顺风车的创业者，冬天一到就缩回去了，有能力的、真正想创业的、企业又活得不错的创业者才值得投资。

对于创业者而言，要如何对待冬天呢？真格基金徐小平的看法非常具有代表性，"只要你的产品好，你最接近商业本质，有客户、能赚钱，再寒冷的冬天都会过去。资本的寒冬跟创业者无关，只要低头做好你的事，资本自然会狂热地来找你。"

当年上市的美国互联网公司，亚马逊、雅虎、eBay（易贝），虽然曾经惨跌30%~50% 的市值，但是今天看来却不会再重复的低点。当时一切关于互联网的预测，都低于现在互联网的实际发展水平。

长期来讲，经过这样的冬天，美国的互联网真正开始起飞。优秀的公司不但存活下来了，而且聚集了人气、员工等资源，重新调整了商业模式。这一批中国的公司，像新浪、百度都是在 1999 年开始创业，在冬天里开始成长起来的。

"从历史的角度来讲，冬天对于优秀的公司一定是利好的消息，因为它减掉了很多不必要的现象。比如说它冻结掉了没有商业模式和用户成长的团队。从事实的角度来讲，中国的互联网和美国的互联网都是走过冬天，越走越好的。"母婴电商宝宝树创始人王怀南表示。

所以，只要我们认清了资本的本质，就不用担心寒冬是否来临，那就是——资本具有意志性和逐利性。不管大的市场好坏，有能力的创始人总能融资，逆境只会让生存下来的公司更有价值。

> **资本从来不会雪中送炭，但是永远都会锦上添花。**

所以，创业者更应该在资本市场冷却时创业。因为寒冬时期会让一部分创业者望而却步，市场也会自然淘汰掉一批本不优秀的企业，这时创业公司会减少，但优秀的投资人并未减少，也就出现了"僧少粥多"的局面。当别人感到恐惧时，恰恰是最难得的机会，"资本寒冬"其实是"创业者的春天"。

其次，所谓的资本寒冬是否真的"寒冬"？

GGV（纪源资本）管理合伙人童士豪表示，虽然今年大部分投资公司投资的速度与去年相比都会下降，但把时间拉长至 5 年的区间，现在依旧还处于比较活跃的阶段。新成立的基金依旧不少，并且规模更大。

华兴资本董事总经理、境内投资市场负责人魏山巍也强调了大环境并没有进一步恶化的判断。他认为降温其实是资本供给和需求相对平衡的必然结果，告别供大于求，回归理性，虽然土豪资本和非理性资本少了，但优质资源开始倾斜，对整个市场的运行而言是好事。

更多的投资人的态度目前还是偏向乐观，他们想要趁着降温，以低价拿下一批真正好的创业公司。毕竟在 2008 年到 2009 年那一波资本寒冬里，诞生了不少独角兽公司。从总体趋势来看，目前各种创新和新技术，反映到生产力的提高上，让创业黄金期再持续 10 年没有太大的问题。

2. 把握自己的商业梦想

我们生存在这样一个资本充足而理性的年代，所以我们要更加坚定地把握自己的梦想，顺势而为，努力寻求机遇，为真正有实力的商业梦想而奋斗。

把握梦想，就是从现在开始，确定目标，以终为始，追随自己的心中所想。

你的商业梦想是什么？

也许有的人说，所谓商业梦想，不就是为了多赚钱嘛！

是不是真的这么简单呢？

一位父亲问儿子："知不知道你为什么要读书？"儿子说："为了金钱与美女！"父亲给他一巴掌！父亲又问，儿子说："为了梦想与爱情！"父亲大喜，说："儿子你真棒！"

上面这个段子，我们一直把它当笑话看。然而，仔细想想，是否真是如此呢？梦想真的等于金钱吗？美女真的等于爱情吗？其实我们都知道，这中间并不能画等号。

也就是说，你是在为你的梦想创业，而不是为了赚钱创业。

> 为什么说不能为了赚钱创业？因为为了赚钱而创业的动机不够纯粹，会很容易动摇你的信念和决心，让你什么赚钱就做什么，这个想做那个也想做，做不到聚焦，结果最后什么都做不成。

　　当你为了梦想而创业时，你就更能坚持自己的信念和决心，你的目标会更纯粹，所有的努力都只是为了向那个纯粹的目标前进，更容易做到聚焦，聚焦的力量是巨大的。

　　这就是为什么我们要经常强调，为了梦想而奋斗，一定要有梦想。

　　所以，我们要再问一次，你的商业梦想是什么？

　　我们相信，你的商业梦想一定包含着你对人类的关爱、对社会的贡献、对家庭的责任以及对自己健康的爱护，而这些大写的爱、贡献与责任需要更多的金钱去支撑，如此你才能真正完成你的商业梦想。

3. 裸钻切割

我们都知道，梦想只能是梦想，你的梦想对你而言闪耀着理想的光辉，对别人而言却只不过是一块毫无用处的玻璃碎片而已。

所以，梦想只有照进现实才能真正显现它的价值。也就是说，梦想如果是一颗裸钻，就必须经过切割才能体现它的价值。

"钻石恒久远，一颗永流传！"大家都会记得这个著名的钻石广告语。我们都知道钻石很值钱，但是恐怕很少人知道钻石原本并不值钱，究竟发生了什么事情让它变得如此尊贵？

最早人们发现钻石时并没有觉得它特殊，只是觉得硬度指标这个特性可以在工业上有点用处，于是玻璃刀、拉丝模等金刚石制品被应用到一些领域中。可是1955年通用公司通过高温高压获得人造金刚石的技术后，天然金刚石的最后一点工业价值也失去了。现在除了一些高规格高精度的工艺需要，天然金刚石没有特别大的用处，因为人造的成本越来越低。我国在人造金刚石原材料方面占了全球的90%左右。

这时，钻石生产商戴比尔斯不得不削减90%的生产量。为了拉动世界钻石需求，他打出了"A diamond is forever"的经典口号，成功把钻石推销给了大众，告诉你女人离不开钻石，钻石稀有、璀璨，拥有不可限量的价值，一颗钻石成就一段人生，一颗钻石就是婚姻的见证。就此钻石的价格一路走高，并最终形成了如今高度垄断的钻石市场。

钻石从一开始被发现时的默默无闻，到如今的名声大噪，这个过程其实就是一个商业价值被挖掘的过程。作为一块石头来说，钻石无疑是最成功的营销案例之一，因为它被附加在内的文化放大了人类对其的需求，所以它被需求了，最后有了价值。

因此，你的商业梦想必须挖掘你的商业价值。

什么是商业价值？商业价值就是你通过观察周围事物的变化，从而预测并且服务人们的需求。

首先对于价值这个问题，需要说明的一点是，价值的大小取决于物品在社会上的"被需求"程度，也就是我们常说的生活必需品与奢侈品之间的价值差别。

> 每一件物品被发现，或者被创造出来时，都是有它存在的价值的。因为它被需求着，被使用着，所以有了留下来的必要。

因此，我们发现和挖掘商业价值的过程，其实就是寻找需求的过程。没有需求就制造需求。从钻石营销的案例我们可以看到，钻石的需求其实是被制造出来的。

但是，即使我们发现或制造出需求，这个需求也许就像一颗天然裸钻一样，并不值钱。天然裸钻经过切割以后才值钱，而且还要看你怎么切割。

为了提高每一颗裸钻的价值，钻石切割师在切割时如何取舍克拉重量（也就是大小）、颜色、净度各方面，需要丰富的经验以及精湛的技艺支持。通俗地说，一颗2克拉但是含有瑕疵的钻石价值很可能不如一颗1克拉但是接近无瑕的钻石来得高。因此，在裸钻切割的过程中，切割设计也是一个耗时且技术要求很高、附加值非常高的环节。

我们发现或制造的需求也一样，需要经过全局战略的商业布局和顶层设计，才能够挖掘出它真正的商业价值。全局战略的商业布局和顶层设计就像裸钻的切割技艺一样，技术含量越高，附加值就会越高。

　　因此，一个真正的优质项目不单单是项目好就可以融到资金，一个项目公司首先要股权架构清晰、具备树立品牌的思维以及好的商业模式，才会具备吸引资金进来的条件。这就像裸钻需要切割一样。

　　所以，每一个梦想、每一个企业都是一颗裸钻，就看你怎样切割它。

4. 塑造商业价值

当梦想之光照进现实，你塑造了什么样的商业价值？或者说，你想塑造什么样的商业价值？

对社会而言，你创业所创造出的商业价值主要体现在对社会的责任感和贡献度上；对你自己和你的企业而言，即你和你的企业值多少钱，而且这得加上时间限制。

也就是说，你的企业在实现了价值的同时应该承担起对社会的责任，应该以服务社会为使命。

比如，微软的商业价值是为全人类普及了家用电脑系统，让每家每户每一个人都用上了电脑；阿里巴巴的商业价值是为人们重构了一个快捷、方便的电商世界，改变了每一个人的生活方式……

那么，我们该如何塑造商业价值？

让我们回归到价值创造的常识。不进行价值创造，肯定就赚不到钱。创造价值是赚钱的前提，这是一个常识。

> 企业只有创造了价值，它才是可持续的。但是，赚了钱不一定就创造了价值，比如炒股票赚了钱就不创造价值，是不可持续的。

一个企业经营困难，它总是把这个困难归结为融不到资，实际上这是把常识搞颠倒了。不是因为你融不到钱才经营不好，而是因为你经营不好才融不到钱，这是常识。金融机构不会把钱借给一个经营困难的企业，它的存在永远只是锦上添花。

通常来说，你的项目是否具有商业价值，有两个判断标准，按照这两个标准才能更好地进行商业价值的塑造。

第一个标准是开发出市场所能接受的新产品和服务，这样你就为客户、为市场、为社会塑造了你的商业价值。别人没有做的产品你做出来了，你就创造价值了。过去没有智能手机，苹果把它做出来了，苹果就是一个价值创造者；过去没有微信，腾讯把它做出来了，这个新产品和服务为市场、为大众所接受，而且我们现在已经离不开微信了，这就是价值创造。

这一标准的关键在于需求。在这里，我们要明白几种不同的需求。

第一种需求，分为大众需求和小众需求。通常来讲，固然是需求越大，你面对的人群越广。

第二种需求，分为强需求和弱需求。衣食住行都是强需求。

第三种需求，分为高频需求和低频需求。与强弱需求类似，但又有着本质不同。比如考 GRE（美国研究生入学考试）去新东方听课，对每个考生而言那是强需求，但它却是一个低频需求。

我们可以利用这三种不同的需求组合排列，找到真正的需求。有时候，创业者认为的需求，可能并不是真正的需求，而是个伪需求。比如，山西的醋特别多，北京这边吃不着好的醋，那能不能在北京开 20 家山西老醋连锁店，拿几百瓶醋来卖呢？这是不可能的事，因为老百姓每天都需要去商超，那里柴米油盐都有，这一类需求已经被其他的东西给替代和满足了，所以连锁醋店就是个伪需求。

你发现了需求，看到了机遇，最后你还要具备操作的能力，才能把它们变成商业价值。这就涉及了整个企业构架、团队、商业模式等方面的市场运作，也正是我们在全书中所提到的内容。

第二个标准是能够用更低的成本，从而以更低的价格向市场提供产品和服务。

你不能做出新产品没关系，你生产苹果产品的成本比别人低，这也是创造价值。

那么创造价值和赚钱和利润是什么关系？你赚钱未必创造价值，而创造价值必然要赚钱。如果你创造价值而未赚到钱，这只是短期的事情，从长期来说，你创造了价值，想不赚钱都很难。只有价值创造，才能奠定可持续发展的基础。

【故事：新型高尔夫球杆的诞生】

Callaway 高尔夫运动用具公司（以下简称 Callaway 公司）通过研究不使用高尔夫用品的消费者的共同之处而为其产品创造了新的需求。

当美国高尔夫运动用具的生产厂家都在争夺本土的市场份额时，Callaway 公司问了自己这样的问题："为什么那么多参加体育俱乐部和热爱体育活动的人没有把高尔夫当成他们的运动（在美国，高尔夫价格并不贵）？"

在探究原因的过程中，Callaway 公司发现，这些远离高尔夫的人有一个共同点：他们都认为高尔夫太难打了——眼和手的配合要协调；注意力必须集中而且还需要长时间的练习才能将那个直径 4.3 厘米左右的小球击打出去。一句话，要掌握好高尔夫运动需要太长的时间。

在掌握了这些人的共同点之后，Callaway 公司开始研究如何将击球过程变简单。最后的答案是——新型波萨球杆。波萨球杆的不同之处就是它的击球端比一般球杆要大得多，这样使用者很容易就可以击到球。波萨球杆一出现就非常成功，它不仅将那些远离高尔夫的人变成了公司的顾客，而且还将很多其他品牌的用户，被运动本身的难度所困扰的高尔夫爱好者吸引了过来。

Callaway 公司通过将注意力集中在非用户上，并将重点放在他们的共同之处而非不同点，成功地将人们把运动简单化的希望集合起来并转化成了市场需求。

第十二章

先驱与愿景

点石成金

It is not that you can't do it, neither is it that you never thought if it,
it is more likely that you dare not even think...

没有做不到, 也没有想不到, 只有不敢想……

1. 发现自己——先驱的掌握者

对于一个创业者或一个企业家来说，前瞻性的先驱眼光是最基本的，也是最关键的。说它基本是因为只有拥有先驱眼光的人才能成为握有真理的少数人，才能成为发掘趋势性行业的先驱，使自己的企业具有先驱优势。

先驱优势是设法使自己成为一个新开发市场或新产品的先驱者，以获取回报的一种战略。这种回报是持久的，因为长期的市场控制力，会令竞争对手无法或难以仿效，企业也因此能够生存、盈利和发展。

比尔·盖茨从哈佛退学创办微软，因其具有先驱的眼光，成为 PC 机操作系统及其软件开发的先导，并且一直趋于垄断；乔布斯是开启智能手机时代的先驱者，苹果手机在全球的销量一直遥遥领先；马云在中国创建阿里巴巴时，就预先看到了中国电商的未来，他至今已成为电商行业的先驱……

每个行业都有自己的先驱，最先开创一个新行业或者新产品，并首先进入市场的人，都会成为先驱者，创造巨大的商业价值。

【故事："更快的马"】

福特是一个商业的天才，更是一个先驱的掌握者。

他可以发现人们需要"更好的交通工具"这个大需求，并肯定了这个需求的渴望程度会随着社会交往的扩大越来越强。

福特在设计汽车之前，到处问人们："需要一个什么样的更好的交通工具？"几乎所有人的答案都是——一匹"更快的马"。

"更好的交通工具"代表用户的"需求"；"更快的"是用户对于解决这个"需求"的"期望值"；"马"是用户对于解决这个"需求"的自假设"功能"。

一个初级的设计者，被用户牵着鼻子走。听到"更快的马"以后，会马上去设计一匹"马"。这个时候，无论在"马"上如何创新，思路已经被束缚住了，结果很难有所突破。他最终只能拿出来平庸的设计，很难长久，也很容易被模仿和超越，实现不了多大的商业价值。

福特肯定了"更快的"这个用户的首要期望，结合这个期望开始思考。然后，他又判断出汽车比火车有更低的成本，而且对于用户更有价值，会替代火车。最后，他用"汽车"而不是"马"来满足需求、达到并超越期望，同时引导用户的进一步需求和期望……

于是，福特的商业回报自然而然地产生了。

先驱眼光其实是一种违背正常进化规律的过程和能力，因为你要比别人早 10 年或者 20 年想到某个问题，或者预测到某个趋势，这靠的不是一点点的推测，还有正确的判断；很显然，先驱眼光表示你的状态和意识必须在脱离现实的情况下，提前进入未来。

要想具有先驱的眼光，**首先就要求创业者具有全局的思维和长远的目光，目光狭隘是看不到先驱的**。这与创业者个人的思想深度、知识结构的修养有关，创业者必须对新事物极其敏锐，对产业格局非常熟悉，至少要能看到未来 3~5 年的行业趋势，而且具有足以推动进程的韧性。**其次还可以通过市场调研来寻找先驱的事业**。闭门造车是不行的，有市场调研才能发现先驱的想法，找到先驱的点子。

传统战略，就是发现当前消费者的需求，然后提供比竞争对手更优质的产品、更便宜的服务来满足消费者的要求。而具有先驱眼光的创业者则是把注意力集中到成为行业第一或者在差异化的基础上创造一个类别成为第一。

寻找先驱的事业，创业者要做的，就是做好充分的市场调研。只有对市场足够熟悉，你才知道自己的想法够不够新、有没有先驱优势。市场调研包括了对当前和过去历史两个方面的研究，这样才能更好地预测未来的趋势。

研究当下的畅销产品或主题

做市场调研一定要研究当下的畅销产品或主题，其目的是延伸和创新。所有的创新都源于旧事物，彻底的原创很少。在旧的架构体系里加上自己原创的东西，就是创新。当你成为新品类的创立者后，你就是这个新品类的先驱。

前文我们说过，产品由载体和功能两部分构成，你把旧有产品的载体或者功能换一换，就是一个新品类。比如，史玉柱把保健品作为载体、送礼作为功能，就创新了一个畅销近二十年的新品类"脑白金"。

跟随发达国家的商业发展轨迹

市场调研不仅仅要调研当下的市场情况，还要了解过去。历史有其既定的发展规律，从石器时代到科技时代，从奴隶社会到资本主义社会，从工业革命到信息革命，各时各地的各种历史进程总会遵循其规律发展。

> 作为发展中国家，中国总能在发达国家身上找到一些历史的轨迹来给我们指引方向。

20世纪90年代，"信息高速公路"在经济发达的美国率先建成，由此引发了一场全球性的信息革命。处于高速工业化进程中的中国，自然不可能绕过这一场信息革命，甚至要加快步伐往前冲。

所以，李彦宏在美国受到雅虎搜索的启发，创建了百度，百度成为中国搜索引擎的先驱；腾讯QQ的建立是由于ICQ和MSN的即时通讯，阿里巴巴的创立也是由于马云看到美国有一个 eBay，滴滴的出现也是由于 Uber 的横空出世……也许有些人说，不就是抄袭嘛，这都是山寨产品，谁不会？

有这么简单吗？准确地说，这是商业社会历史发展的必然，而不是简单的抄袭，因为抄袭不可能成就先驱。这里面包含了两层含义：第一，你向发达国家借鉴的产品必须是在国内还没有出现过的；第二，必须符合中国国情，一是看政策环境和文化背景，二是看消费者的经济、文化水平是否发展到了那个阶段，或者即将要到那个阶段。

否则，照搬国外的模式，绝对是不接地气的。过去 10 年的创业大潮中，硅谷一直是中国创业者的灵感来源，然而水土不服的项目太多。

曾成功运作校内网的许朝军创办了点点网，试图复制国外轻博客网站 Tumblr（汤博乐）的辉煌，但事与愿违，点点网最终没能达到市场的预期，其他的中国模仿者也都销声匿迹。背后的原因就是这些模仿者忽略了中美经济和文化背景的不同导致的用户差异。Tumblr 式的轻博客代表着小众文化，在美国，生活水平高、假期多又喜欢分享的用户群体大，并且 Tumblr 还有国际市场做支撑，这些条件国内的点点网都不具备。再加上微博和豆瓣两个社交平台都挤压了轻博客的生存空间，创业一年后点点网就陷入了艰难维持的状态。

2. 自我品牌信仰

人生一世，草木一秋，既然来世上走一回，就不是来打酱油的，每个人都应该有自己的人生终极目标，如此才能给自己的人生画上几道色彩。

而对于大多数人来说，终其一生的目标，归根结底是为了生命价值的增值——拥有稳定及和谐的家庭、身体及心理的健康、成功而有影响力的事业。

> 只知埋头苦干的"工作狂"，不惜牺牲健康和家庭，若他的生命价值只在于他是个医生、作家、创业者……那么他的人生是无法增值的，因为他一旦无法工作，便失去所有的生活意义。

唯有增值的生命价值才能支撑起你的个人品牌，让你变得更有血有肉。对于创业者而言，拥有良好的个人品牌才能更好地实现目标。

我们都知道，有名气的人通常会更容易创业成功，因为他的名气已经成就了他的个人品牌。个人品牌是创业者最宝贵的无形资产，只要科学地运用好个人品牌，创业就会一帆风顺。

个人品牌即是定位与能力，也就是说，目标的实现主要靠定位，靠个人能力的培养，能力越大，选择的空间就越大，还要以资源为导向。所以，个人品牌应当定位在能力培养上，用能力去攫取更多资源。

比如说，你利用你的专业来支撑你的能力，你给自己打上标签，把自己打造成某方面的专家，利用图文内容在社交媒体上输出你的专业能力与价值，这个时候你就已经开始了自我的内容营销。

君不见，网络大 V 们常被认为是有影响力的"权威人士"，他们的言论、举动也常会有人跟风效仿。对于大众来说，他们更像"意见领袖"，他们对某件事或某个领域的预测很容易影响到一个群体。这也就是网络大 V 所打造的具有专业性的个人品牌。

粉丝为什么会关注你？因为你舍得分享，而且分享的干货越多，粉丝越会觉得你很专业，不只自己关注，也许还会推荐给其他朋友关注。这个时候，个人的品牌价值就彰显出来了。

> 如果说创业讲究"天时、地利、人和"的话，那么个人品牌无疑就是最有利的"人和"因素。

3. 把梦想变成愿景

你的个人品牌怎么定位？你的目标是什么？这一切都依赖于你的梦想，以及你有一个什么样的梦想。

人类因梦想而伟大，回溯几百年前的中国古人，飞翔在天是一种看似不可实现的梦想，但当杨利伟坐着"神五"环游地球的时候，你却不得不感叹如果没有持之以恒的梦想，今日的世界将会怎样？

然而，实现梦想的第一步，是把你的梦想变成愿景。梦想是个人的，愿景是企业的，从梦想升华为愿景，才能逐一构建你的目标，再一步步实现它。这也是以终为始的原理。

什么是愿景？愿景是人们永远为之奋斗希望达到的图景，它是一种意愿的表达，愿景概括了未来目标、使命及核心价值，是哲学中最核心的内容，是最终希望实现的图景。如果说"梦想"显得有点虚无缥缈的话，那么"愿景"显然更务实一些。

愿景是企业成功的密码，就是看到别人看不到的东西，将洞察与策略相结合，描绘企业独一无二的核心信仰和未来前景。因此，愿景也是普通公司与世界一流公司的差别所在。

会不会有一模一样的两个企业？绝对没有。企业的诞生是由于创始人的梦想，创始人最能体现一个企业的精神，创始人的精神才是这个企业的灵魂，所以每个企业的生命也不一样。所以，你要有先驱的眼光，可以看到别人看不到的东西，并且把它描绘出来，成为一个独一无二的图景，像一幅美丽的画，让人无限憧憬。

> 愿景的哲学意义在于"你想成为什么，所以你能成为什么"，而不是"你能成为什么，所以你想成为什么"。

愿景的构建靠的是自由，它以资源为基础，但又不受限于资源，更多的是在自由支配的情况下，自己进行的选择。这种选择有更多的自由，更能满足个人内心的需求，愿景背后隐藏着个人的价值需求——这也就是"我想成为什么，所以我能成为什么"。

而目标的实现靠的是定位，定位以资源为导向，资源的多寡决定了定位选择的范围——这也就是"我能成为什么，所以我想成为什么"。

因此，一个立即就能被人把握实现的想法充其量只能说是一个战略目标，而不是我们所说的愿景。当愿景看上去那么不容易实现时，我们要把愿景转化为终极目标，这时就需要我们导入资源。资源是实现愿景的重要基础，在实现愿景的过程中，梳理和整合资源，是必不可少的重要环节。

那么，如何把梦想转化为愿景？

基于理性的分析和思考，再加上一部分梦想的成分，一个清晰、明确的愿景蓝图就会产生，相应地，实现这个愿景的行动战略和执行精神都将水到渠成，使公司全体向着一个方向前进。

成功企业的愿景都是一个易于沟通的未来景象，这个景象明确了整个团队前进的方向，不论对社会、客户、股东，还是员工都有很强的吸引力。

> 施振荣先生在《再造 Acer》一书中说："企业愿景的号召力，取决于它对社会贡献的多寡。"

所以，当你确定你的企业愿景时，你要问问自己："我的愿景能使整个人类社会受惠受益吗？能实现企业的繁荣昌盛吗？能让员工敬业乐业吗？能使客户心满意足吗？"

如果答案都是肯定的，那么这将会是一个很棒的愿景。

4. 所有事情都会发生两次：一次在头脑，一次在现实

说到梦想和愿景，其实我们可以采取"给自己写一份悼词"的方法来梳理。从另一个角度来说，你所写的悼词其实就是你的梦想和愿景，只不过悼词表现了"终"的形式，而梦想表现了"始"的形式。

一终一始，以终为始，从全局出发，倒推设计，走向最初的梦想，一张大蓝图就此形成。那么，有了蓝图，我们该真正出发了，从"始"出发，向"终"而去，真真实实地按照蓝图走一遍。能见度有了，清晰度也有了，我相信会少走弯路，因为我们在设计蓝图时已经在头脑里走了一遍。

两次创造是以终为始的基础

以终为始的两次创造，一次发生在头脑中，一次发生在现实中。做任何事我们都是先在心中做好构思和计划，然后按照构思所想去一一实现。所以，必须认清自己的使命，让你所做的不偏离你所想的。

就以建一栋高楼为例，在真正建造之前，必须要先有建筑设计图，然后是建筑结构图，最后是施工图，当这些图纸都一一完成设计的时候，才开始一砖一瓦地建造。如果图纸设计中稍有缺失，弥补起来必定事倍功半。最先的建筑设计图

代表愿景，结构图、施工图均是以建筑设计图为准绳的具体实施步骤。所以，应该尽可能地让设计图达到尽善尽美，以免事后亡羊补牢。

创业也是如此。要想经营成功，必须以愿景为目标，确定好产品或服务要达到的营运目标，然后再配备资金、生产、营销等资源，朝着最终的愿景前进。

企业一旦规划不周而导致资金周转不灵，或对市场认识不清走错方向，必然会导致失败。

而对于创业者来说，你的使命是成为将你的团队、员工和客户与业务联系起来的纽带。如果不具备使命和其他关键要素，你的业务将土崩瓦解。

所以，你的使命必须足够有魅力，以吸引其他志同道合的个人和实体，将有着同样使命的人组织在一起。凭借强大的使命，你的企业将经受住任何风浪。

领导与管理是两次创造的体现

以终为始是为了确定一个正确的方向，而领导的职责也是确定正确的方向，可以说领导就是两次创造中发生在头脑的那一次，强调的是思想性。

管理更注重的是执行，是两次创造中发生在现实的那一次，强调的是行为性。因此，领导的层次是高于管理的。

管理的本质是如何把事情做好，领导的本质则是确定所做的事是否正确。

比如，两军交战，攻城，一群士兵把梯子靠在城墙上使劲往上爬。将领作为管理者，在他们后面指挥如何避开敌人从城墙上砸下来的石头和射下来的火箭，确保有多少士兵能爬上城墙。军队元首作为领导者，则飞马而来，大声疾呼："不要从正面攻击，要打侧翼！"

在现实生活中，不管是个人还是企业，常常就像士兵和将领一样，盲目冲锋陷阵，甚至没有意识到要攻打的并非那一堵城墙。

因此，领导显得尤其重要。也就是两次创造中以终为始的原则尤其重要。我们需要方针，需要指引。而"愿景"就是我们的指南针，为我们指明正确的方向。

两次创造即是"梦想事成"

所有事物都会发生两次：一次在头脑，一次在现实！我们也把这个总结为"梦想事成"。

"梦"

所有的创业者都还处于梦想的阶段，他们有一个心愿，但还没有落地。心愿是你梦想的事情，由此开始梳理你的愿景、使命和目标。

太多人成功之后，反而感到空虚；得到名利之后，却发现牺牲了更可贵的事物。

> 我们务必要掌握真正的愿景，不忘初心，然后勇往直前坚持到底，使生活充满意义。和内在力量相比，身外之物便显得微不足道了。

"想"

有梦就会想，不是漫无边际地想，而是要讲究办法，也就是说，你要想清楚你要什么结果、要做什么，这就找到了你的愿景、使命和目的。你代表了你的思想文化、价值观和定位，你要用自己的思维依次进行梳理，比如说，用什么人、什么方法来做才能达到你想要的结果。方法是否有效则取决于你的思维创新和实践。

如果说"梦"的阶段是愿景的话，"想"的阶段就是目标、计划。就像之前建造高楼的比喻，建筑设计图是愿景，结构图、施工图等具体的实施方案就是目标和计划。只有把结构图和施工图设计好了，才能开始起高楼。

在这里，如何围绕着建筑设计图来做好结构图和施工图，就成了我们的使命。

"事"

想好了就去做，把它变成一件具体的事，开始创业，落地。也就是说，围绕着建筑设计图做好结构图和施工图之后，就要开始真正地施工了，一砖一瓦把高楼建起来。

这一阶段最重要的是"人"。一砖一专都需要人来建造。

美国钢铁大王卡耐基说："专业知识在一个人的成功中的作用只占15%，而其余的85%则取决于人际关系。无论你从事什么职业，学会处理人际关系，能够掌握并拥有丰厚的人脉资源，你就在成功路上走了85%的路程，在个人幸福的路上走了99%的路程了。"

人脉是一个人通往财富、成功的入门票。两百年前，胡雪岩因为擅长经营人脉，而得以从一个倒夜壶的小差，翻身成为清朝的红顶商人，两百年后的今天，检视政商界成功人士的成功轨迹，你会发现，他们都因为拥有一本雄厚的"人脉存折"，才有了之后辉煌的"成就存折"。

> 从一定程度上来说，整合人脉就是整合资源。整合到大量的人脉资源就可以整合吸引到人才、资本、技术等。

"成"

当你想好了再去做时，你会看到一个全局的蓝图，就会有能见度、清晰度，同时，你有团队、有品牌、有资本，就能成就一件事。

> 所有事情都会发生两次：一次在头脑，一次在现实！

先想再做，不能光想不做，更不能想都不想就直接做。先想再做是谋划，光想不做是缺乏执行力，不想就做则是无头苍蝇。

先想再做，就是在做事情之前预先设定你想要的结果，以终为始，深思熟虑，制订好周详的计划，三思而后行，这样能够少走弯路，促进事物顺利发展从而达到预期目标，如图 12-1 所示。

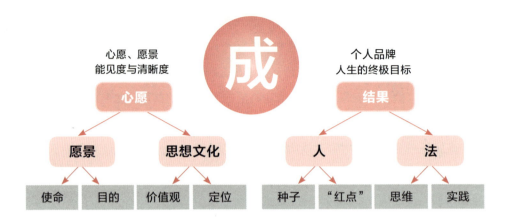

图12-1　选择的力量

后　记
分享空间，共享营销

这是一个怎样的时代？网店革了实体店的命；滴滴革了出租车的命；自媒体革了报纸的命；直播革了电视的命；平台化正在代替公司化；合伙人制正在取代雇用制……

这是重新界定的时代，这是共享经济时代不可阻挡的新趋势。

合伙人制：分享利润，汇集人才

2016年，碧桂园以销售额3088亿元跻身中国房企前三甲，而在6年前，碧桂园的年销售规模才329亿元。短短6年，碧桂园业绩增长幅度之大，在地产界实属罕见，而这与碧桂园掌门人杨国强推行合伙人制"成就共享"和"同心共享"密不可分。

2012年年底，碧桂园开始推行"成就共享"激励计划，这被认为是房地产企业的一种革命性的激励机制，其目的是通过强激励措施，激发区域项目"当家做主、用心研究"的意识，促进公司收益持续高速增长。有业内人士指出，"成就共享"其实就是在公司顶层股权结构稳定的情况下，向区域公司下放拿地权力，并分享一定比例的区域净利润给高管团队，相当于高级人才在公司内部创业，达到类似合伙人的效果。

从"成就共享"升级后的"同心共享"计划原则没有变，还是着眼于快速开发。不过其参与方式和奖金的计算方式则发生了变化，首要变化的是集团将高管和员工捆绑到合伙人制度当中。按照"同心共享"计划，总部的董事、总裁、副总裁、助理总裁、中心负责人、中心副总经理、部门总经理、部门副总经理、"未来领袖计划""涅槃计划"人员都属于"要求出资人员"。此外，集团亦鼓励总部广大员工以自愿方式参与其中。碧桂园还将出资主体以企业形式组织起来，用企业经营准则进行管理以及计算成本收益。值得注意的是，碧桂园的投资方式改变了，但项目开发的决策机制没变。

碧桂园的合伙人制、共享模式能够成功，其核心在于分享利润，汇集了人才和资源。

合伙制的兴起，有着深刻的必然性，它是资本与劳动关系的重要转折。

长久以来，雇用制是中国企业的主流模式。其特点是资本雇用劳动，大股东是老板，员工是打工仔，资本与员工相对割裂，甚至只有一个人持股。公司治理权力方面，资本拥有绝对话语权，员工缺乏话语权，而且等级关系明显，部门利益显著、部门之间的隔阂不小。利益分配方面，传统雇用制更倾向资本而非员工，员工难以公平享受企业发展成果。同时，员工的行为容易短期化，导致员工动力不足，资本容易任性，不利于企业可持续发展。此外，火车跑得快，全凭车头带，企业成败系于老板一人，风险很大。

早前资本极其稀缺，在资本与人才的博弈中，前者占绝对优势。而现在市场竞争越来越激烈、人才重要性越来越凸显，资本与人才的天平开始向人才倾斜，雇用制弊端日显，合伙制的必要性日增。

合伙制是对传统雇用制的巨大颠覆。从资本雇用劳动更多地变为资本与劳动合作；员工从单纯的员工变为兼具股东身份，从打工仔变为合伙人，资本与员工更好地融合。在公司治理权力方面，由于股权结构优化，股东之间的权力相对更均衡，员工话语权更大，相应的管理扁平化更普遍，分权成为常态。员工之间更多体现为合伙、相对平等的关系，而非传统的上下级关系。利益分配方面，合伙制下，资本、员工之间的利益分配更公平，员工获利空间更大，能更好地满足当下很多人对财富包括财务自由的追求。合伙制下，员工和股东身份统一，有利于形成深度的利益和命运共同体，降低企业发展成败系于一人的风险——合伙制下，"人人都是创业者"，而非单纯依赖车头的动力。

合伙制讲究共担、共创、共享，形成深度利益乃至命运共同体，因此企业内在的压力和动力都很强，可持续发展能力强。合伙人团队接班，合伙人的领军人物接任最高职务、扮演企业家角色，有利于企业平稳传承。

当下的创业模式已经不再像 20 世纪八九十年代那样，不是只要有胆就可以发财，也不是拥有资源就可以独占市场。现在，每个个体的时间精力及能力无法让他单独完成创业，但每个个体又有其专业技能，大家可以互补做一些事情。捆绑利益让每一个合伙人都更有主人翁意识与责任感。

共享经济时代，创业成长需要合伙人制的共享平台。

分享空间—创业共享平台

当社会发展到共享经济时代，各方面都会不断地推陈出新，营销方面也是如此。过去人人奉行的漏斗模型在共享经济的冲击下也变得岌岌可危。在共享经济推动下，企业最大的营销资源不是投放在媒体上的广告，而是每个消费者的分享。

传播方式的巨大变革意味着企业营销阵地必须要转到移动界面上，和用户展开全新的沟通交流。品牌面对这巨大变革，就像面对一个平静的湖面，需要不断往湖里扔石头，让湖面上产生一个又一个的涟漪，涟漪和涟漪在波纹同步的过程中会互相影响，形成更大的波峰。波纹是要从圆心展开的，如果说品牌是波纹的中心，那么波纹的第一层则是员工和团队，因为这些人最有动力帮助企业传播。第二层是忠诚用户和种子用户，第三层是意见领袖和深度用户，最外层是潜在消费者。

在共享经济下，传统分发的效率逐渐降低，企业需要用一种新的角度来看待用户处在哪个圈层当中，针对不同圈层的用户企业需要使用不同的营销策略。

分享空间—创业共享平台就是波纹式营销的驱动引擎，它可以完成一直被人忽略的激励机制和一对一沟通。分享空间的 Logo 如图 1 所示。

图1 分享空间Logo

分享空间—创业共享平台，构建了"S+F2C+O2O"共享营销系统，专注于为企业成长提供共享营销、爆品引流、众包销售、创业服务、空间联盟等共享模式，协助中小微企业实现可持续发展的品牌战略，构建规模化、网络化、数据化的分享经济体系；聚集人脉和资源，以波纹式营销为基础，携手企业和个人的分享理念，共享空间、时间、智慧，帮助更多的品牌与顾客打造消费、推广、孵化、投资于一体的合伙人共享营销生态圈。

[**爆品营销**]专注为企业成长打造爆品营销管理系统，线上线下共享消费数据。

[**异业联盟**]成立企业发展智库研究院，共建共享异业联盟的分享经济模式。

[**用户分享**]共享联盟成员的利润空间，缩短产品到顾客的流通环节，让每个成员都成为您的商业合伙人，分享您的销售利润。

[**商业定位**]分享空间—创业共享平台。

扫一扫，关注我们。

成为分享空间的最佳合伙人！

［公司简介］众扬汇孵化器

众扬汇——品牌价值管理机构，我们创建了分享空间—创业共享平台，经营全案策划价值链及大数据精准营销，融合"新品牌、新渠道、新零售"，帮助企业打造共享经济新模式；主张创业从结果开始，从顶层设计来规划企业发展的能见度和清晰度，塑造品牌价值，打造一个由社群生态圈、平台经济体、品牌价值体等模块构成的系统，提供以终为始的全局战略解决方案，用资本能量帮助企业实现价值。

众扬汇致力于塑造高价值的品牌和服务，做中国最具价值创造的品牌孵化机构。目前众扬汇已组建了众扬汇孵化器、众扬汇传媒、众扬汇资本等服务载体，并获得了国家级众创空间、广东省科技企业孵化器、深圳市科技创新委员会认证的创客空间、深圳市龙岗区众创联盟副理事长单位、深圳市龙岗区创新产业载体联合会核心园区的授牌。

经营理念

［定位］品牌价值管理机构。

［愿景］成为中国最具价值创造的品牌孵化机构。

［使命］用资本能量帮助企业实现价值。

［价值观］真实、简单、高效。

［价值主张］众智慧、扬思维、汇能量。

［垂直行业定位］数字文化、大数据、新零售等领域。

［创业孵化服务］商业模式梳理、塑造价值品牌、建立成交系统、获得资本溢价。